労基署は見逃さない
社長、その労務管理はダメです

原 労務安全衛生管理コンサルタント事務所
社会保険労務士法人ヒューマンリソースマネジメント

WAC

はじめに

２０１９年４月、時間外上限規制などの働き方改革関連法が施行されたことによって、会社は今まで以上に徹底した労働時間管理が求められ、加えて、労働基準監督署による行政指導がより厳しさを増しています。また、ＳＮＳなどの情報技術が発達したことにより、会社内での労務トラブルや、労働者の不満が、いとも簡単に外に漏れる時代となったことで、コンプライアンスが徹底できていない会社は、存続し続けることが難しい世の中になりつつあります。

そして、２０２０年春から流行した新型コロナウイルス感染症をきっかけに急速に拡大した、在宅勤務をはじめとしたテレワークという新しい働き方……。会社の人事労務担当者を取り巻く環境が、短期間でここまで大きく変化した時代は、今まであったでしょうか？近年の環境変化により発生する課題や問題は、従来の延長線上で解決できるものだけではなく、会社として今後どのような対応をしていくかについて、今までにはない新たな視点で検討し、社内方針を決定することが求められるものが多くなりました。

本書は、労働基準監督官として19年間の勤務経験のある原労務安全衛生管理コンサルタント事務所と、現在まで3500社を超える中小企業の就業規則改定や相談業務に携わった実績のある社会保険労務士法人ヒューマンリソースマネージメントの2社が、共著というかたちで制作しましたが、全部で5つの章で構成された書籍となります。

前半の第1章と第2章では、原労務安全衛生管理コンサルタント事務所が執筆を担当し、世間にあまりオープンにされることがない労働基準監督署の実態や、どのようなトラブルが発生した場合に、労働基準監督署に相談すべきかについて、監督官時代の本音も含めながら解説いたします。

第3章は、原労務安全衛生管理コンサルタント事務所と社会保険労務士法人ヒューマンリソースマネージメントの2社が執筆を担当し、多くの会社で発生しがちな間違った労務管理方法の事例について、労働基準監督署目線でどう捉えているかについてと、ヒューマンリソースマネージメントの実務目線で、会社はどのように対応すればよいのかについて解説いたします。

第4章と第5章は、社会保険労務士法人ヒューマンリソースマネージメントが執筆を担当し、最近トレンドの労務管理の内容やメリット・デメリット、会社は取り入れるべきか否かについてや、人事労務を取り巻く環境が今後大きく変化する中、従業員満足度を上げ会社を発展させるために、今後どのようなことを取り組んでいくべきかについて解説いたします。

今後ますます、大きく変化していくことであろう人事労務の分野において、多くの企業経営者や、人事労務担当者の皆様に、本書がお役に立つことを願っております。

2021年3月

執筆者一同

執筆者一覧

【原　労務安全衛生管理コンサルタント事務所】

代表　社会保険労務士　原　諭

【社会保険労務士法人ヒューマンリソースマネージメント】

代表社員　特定社会保険労務士　馬場　栄

社会保険労務士　岩下　等

社会保険労務士　田口　秀典

労基署は見逃さない
社長、その労務管理はダメです

◎目次

はじめに　1

第一章　あなたが知らない労働基準監督署の実態　11
怖いイメージがある労働基準監督署ってそもそも何をするところ？　12
労働基準監督署とハローワークの権限等の違いは？　14
労働基準監督官がやってきた！　16
舐めると痛い目に。労働基準監督官には逮捕権限もある　18
労働基準監督官の実情は　19
一番注意しなければならない労働基準監督署の調査とは　23
一般的な調査のことを「定期監督」という　25
監督署は3月にターゲティングする　26
司法処理（送検）の件数は実は決まっている？　27
「申告監督」すなわちチクリ――その実態に迫る　29
申告監督は時間が掛かる？　だからこそ当てにいく！　30
申告監督の件数は臨検全体の2割にも！　33
監督官の強制捜査――その場で逮捕ができるのか？　35
法律を知らないでは済まされない　39
調査後の流れは？　39

是正勧告書と指導票を出された。それってマズイことなの？　40
是正勧告書・指導票から学ぶべきことは？　41
逮捕、送検……実際にそんなことがあるの？　46
送検されたら、企業名の公表も　50
今年の労働行政調査のトレンドは、これを見ればわかる　51
労働基準監督署・定期監督のキーワードは「講ずべき措置」　55
あなたの会社は狙われているのか？　監督署はこんな事業場へ調査に行く　59

第二章　労働基準監督署に相談すべきこと、すべきでないこと　65

労働基準監督署の相談窓口では何ができる？　66
労働基準監督署は民事上の紛争解決までは行えない　69
これだけは外すな！　事業主が監督署に相談すべきこととは何か？　73
労働者から「社長、未払い残業代を払ってください！」と申し出があったら　74
労働者側の弁護士等から未払い残業代の内容証明が届いた場合の対応策は　75
過重労働撲滅特別対策班、通称「かとく」の中身とは　77
パワハラが社会問題化。法律の中身と社長が押さえておくべきポイントは　79
社内でパワハラ発生！　このとき監督署で相談、解決できるのか？　80
SNSが普及した今、社内外のトラブルは漏れることを想定せよ！　81
労務トラブルの解決遅れが社員定着率に影響を与える　83

問題のある社員をクビにしたいので、解雇予告（手当）の免除を依頼したい　84
監督署が認める懲戒解雇の事由とは？　86
労働基準監督署で免除認定を受けても、裁判で解雇無効になることも　91
労務トラブルが発生する前提での仕組み作りが重要　92
就業規則を作ろうと思うけど、監督署に相談すると労働者有利の規定にされるのでは　94
監督官に相談すべきことと、社会保険労務士・弁護士に相談すべきことの境界線は？　95
労務管理も専門家と組んで対応する時代に　97

第三章　**知らずにやっている法令違反の労務管理**　99
注意しておきたい労働時間の「端数の丸め処理」　100
残業申請制度の正しい導入方法　105
定額残業制はしっかり管理しなければ無意味になりかねない　116
会社の管理職＝労働基準法の管理監督者ではない　127
なんちゃってフレックスタイム制が多すぎる　136
1カ月単位の変則労働時間制の落とし穴、注意すべきポイントはここだ！　150

第四章　**最近流行りの労務管理を取り入れるべきか**　165
テレワーク（在宅勤務）ってよく聞くけど中小企業もやるべきなのか？　166

在宅勤務制度導入にあたってまず検討すべきポイントは？ 167
就業規則に何を定めなければいけないのか？ 168
在宅勤務の労働時間管理はクラウド型勤怠が最適 170
在宅勤務は「優秀な労働者を手放さない・採用する」ためのキーワード 174
在宅勤務が障害者雇用と相性がいい、その訳は？ 175
副業（兼業）は認めるべきか？　まずは最新のトレンドを読み解こう 176
自社の副業制度はどうする？　まず整理すべきは労働時間の管理方法だ 180
社会保険労務士でも悩む、本業先の時間管理は複雑怪奇 181
時間外の上限規制は通算されるの、されないの？ 183
社会保険・雇用保険の副業における意外な落とし穴 184
労災保険のルールが変わった！　抑えておくべきポイント 186
ハードルの高さは十分理解した。それでも副業は認めなければいけないの？ 189
今後、外国人労働者を雇用せずに会社を経営していけるのか 191
外国人雇用がクローズアップされる背景と現状 192
外国人労働者が増えている職種、都道府県などの特徴とは？ 194
外国人労働者の採用に何が有効か？ 197
外国人を雇用する際に特有な質問事項はこれだ！ 198
わりと起こりがちな外国人労働者の失踪事件。この対策を講ぜよ 199
雇用契約書を交わすときの注意事項は？　書類は日本語でもいいの？ 201

フォロー体制の充実で優秀な外国人労働者を確保する 202

第五章 従業員満足度の高い会社から見えてきたもの 205

コンプライアンス意識が高い経営者に優秀な社員が集まる 206
会社は雇入れ時に労働条件通知書で渡すな！ 209
労働者目線の勤怠形態を提示できるか？ 211
働き手の意識変化に対応できているか？ 212
金銭的コストを掛けることだけが福利厚生ではない 214
御社の年次有給休暇取得率は何%ですか？ 215
休日を増やさず、休みを増やす効果的な方法をご存じですか？ 219
定着率が高い会社は女性にフェアな会社が多い 223
高年齢者を戦力化できる企業を目指そう 226
あるべき労働時間管理とは？　労働時間管理は労務管理の1丁目1番地 230
ここに注目！　クラウド勤怠管理システム比較検討時の確認ポイント 233
問題社員対応の切り口からの労働時間管理法 241

おわりに 246

編集協力／ザ・ライトスタッフオフィス
装幀／須川貴弘（ＷＡＣ装幀室）、図表作成／メディアネット

第一章

あなたが知らない労働基準監督署の実態

執筆担当：原労務安全衛生管理コンサルタント事務所

怖いイメージがある労働基準監督署ってそもそも何をするところ?

労働基準監督署は、ひと言でいえば「厚生労働省設置法」に基づいて設置されている厚生労働省管轄下の役所です。

次ページの図に示すように、本省の下に置かれた47の都道府県労働局の下に、321の労働基準監督署と4つの支署が置かれています。

この労働基準監督署の任務は、労働基準法、労働安全衛生法、最低賃金法、労災補償保険法などの労働基準関係法令を施行する業務ということになります。

労働基準監督署の規模は様々ですが、基本的に、方面(監督課)、安全衛生課、労災課などに分けられ、その中では、労働基準監督官、厚生労働技官、厚生労働事務官という3つの官職名の職員が、それぞれスペシャリストとして次に挙げるような任務を担っていました。

①労働基準監督官:事業場の監督や労働者からの相談、法令違反の送検などの業務
②厚生労働技官:事業場の安全衛生の指導や、ボイラー検査などの技術的業務
③厚生労働事務官:労災保険の補償や徴収業務に加え、庶務業務

労働基準行政の組織

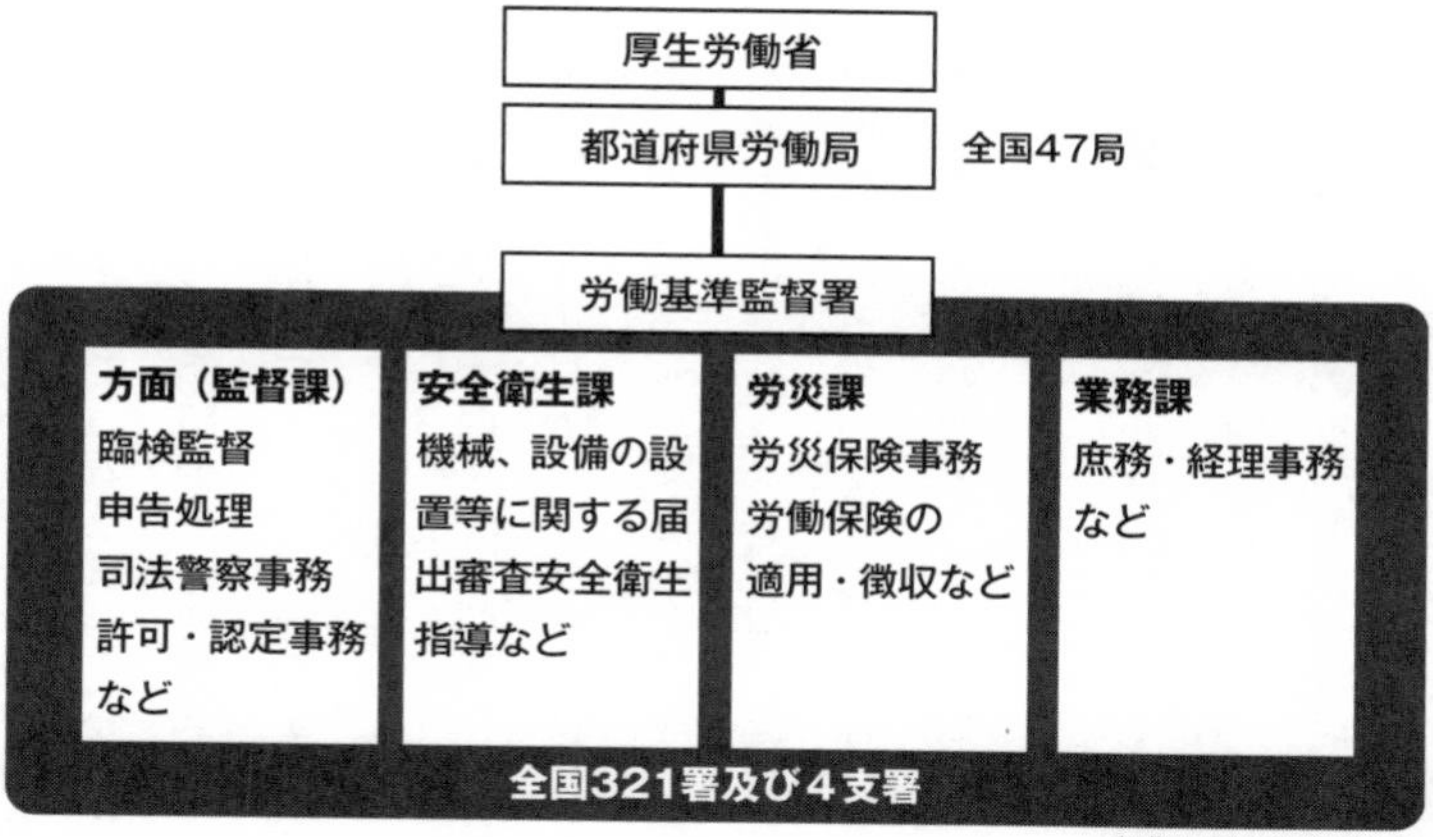

出典：厚生労働省 HP

このうち、労働基準監督官は労働基準監督官採用試験合格者の中から任用されます。一方、厚生労働技官や厚生労働事務官の多くは、国家公務員Ⅱ・Ⅲ種試験に合格して都道府県労働局に採用され、労働基準監督官はその身分のまま厚生労働技官や厚生労働事務官の職務を行うことが可能ですが、逆はできないことになっていました。しかし厚生労働省は、労働基準監督署への配置について、２００８年以降は〝一部の部署を除き労働基準監督官に入れ替える〟という方針を打ち出しました。

つまり、技官・事務官の採用をやめ、その仕事に監督官を登用するようになったわけです。その結果、労働基準監督官が増員され、事務官と技官は退職に伴い徐々に減員されることとなりましたが、現状では、監督官の数が増えていても、労働基準監督署全体の人員数が大きく変わっておらず、労働基準監督署の機能が拡充されているとはいえない状態です。

さらに、同じ労働局傘下の機関であるハローワーク（正式名称：公共職業安定所）の職員は減員されるはずでしたが、雇用失業対策のための人員確保が必要だとされ、監督署の事務官採用枠を削って、ハローワークの採用枠に割り当てられています。そのため、「監督行政の専門性が薄められた」と嘆く監督署の職員も少なくありません。

そもそも、ハローワークの予算である特別会計（雇用保険）については、過去に「私のしごと館」など様々な無駄遣いが話題になりましたが、労働保険料は監督署の労災課でそのほとんどを集めており、監督署の職員は「お金は集めず使うだけ」の職業安定行政にあまりいい思いを持っていません。こういう経緯もあるので、同じ労働局の組織ではありながら監督署の職員とハローワークの職員とは仲が悪く、人事交流もわずかにしかありません。

労働基準監督署とハローワークの権限等の違いは？

さて、労働関係の役所として一般的に知られているのは、どちらかといえばハローワークのほうでしょう。こちらも労働基準監督署と同様に厚生労働省が管轄する行政機関です

労働基準監督署とハローワークの主な業務

労働基準監督署の業務	方面（監督課）	臨検監督、申告処理、司法警察事務、許可・認定事務など
	安全衛生課	機械・設備の設置等に関する届出審査、安全衛生指導など
	労災課	労災補償事務、労働保険の適用・徴収など
	業務課	庶務経理事務など
ハローワークの業務	雇用保険課	雇用保険の給付業務、適用関連業務など
	職業相談部門	職業紹介、職業相談および求職受理業務など
	職業訓練部門	職業訓練の受講あっせんなど
	専門援助部門	障害者等の求職者に対する職業相談など
	事業所部門	求人関連業務、助成金給付関連業務など
	庶務課	庶務、業務計画の作成・管理など

が、厳密にいえばともに「厚生労働省設置法」に基づいて設置されています。

その違いを簡単に説明すると、労働基準監督署が、現在働いている「労働者」に対して適用される労働条件の指導や、労災補償などを行うことが主な業務になるのに対して、ハローワークの業務はどちらかといえば労働者になる前の「求職者」への職業紹介や、労働者でなくなった後の「離職者」への基本手当の給付（いわゆる失業保険）の手続などが主な業務ということになります。労働基準監督署とハローワークの業務は上の表のとおりです。

最近耳にすることが多い、事業継続が厳しい事業者が受給する雇用調整助成金は、ハローワークの管轄業務となりますが、実際の手続きは上部機関である都道府県労働局で行っています。意外と知られていないのが、個人の能力開発に関する助成金制度もあることです。こちらは教育訓練給付といい、資格取得や語学研修といった幅広い分野で給付を受けられることが特徴です。

労働基準監督署とハローワークの大きな違いとして、監督署所属の労働基準監督官には捜査権限が与えられており、各労働基準関係法違反で送検することができます。一方ハローワークには捜査権限はありません。したがって、先程説明した助成金を不正受給した場合は、受給金額の3倍返しを求めることはできますが、処罰に関しては刑事告発をすることしかできません。もっとも、監督署における労災保険の不正受給があった場合には、ハローワークの手続き同様、調査のうえで警察機関に対して告発することになります。

このように、ひと言で労働関係の役所と言っても内容によって窓口や権限が異なっています。それでは、労働基準監督官にはどのような権限があるのか説明していきましょう。

労働基準監督官がやってきた!

労働基準監督官は、労働基準法、労働安全衛生法、最低賃金法などの労働基準関係法令に関する事案について、法に定める基準を事業主に守らせることにより、労働条件の確保・向上、働く人の安全や健康の確保を図り、また、労働災害に遭われた人に対する労災補償の業務を行うという任務が課され、そのために、必要に応じてあらゆる職場に立ち入る権限をもっています。

そうした権限を裏付けているのが、労働基準法（101条1項）です。同法では、「（労働基準監督官は）事業場、寄宿舎その他の附属建設物に臨検し、帳簿及び書類の提出を求め、又は使用者若しくは労働者に対して尋問を行うことができる」と規定して、労働基準監督官の立ち入り調査に法的な根拠を与えています。なお、ここでいう帳簿や書類については、使用者には3年間の保存義務があり、労働基準監督官から提出を求められた場合は必ず提出しなければならないことになっています。

そればかりではありません。「労働安全衛生法」にも労働基準監督官の立ち入り調査の根拠となる規定があります。

労働安全衛生法の第91条第1項には、「（労働基準監督官は）事業場に立ち入り、関係者に質問し、帳簿、書類その他の物件を検査し、若しくは作業環境測定を行い、又は検査に必要な限度において無償で製品、原材料若しくは器具を収去することができる」と規定されています。その他、最低賃金法やじん肺法などのその他の労働基準関係法令にも、同様の規定が盛り込まれています。

そうした行政上の職務権限のほか、労働基準監督官は警察と同じ〝司法警察員としての職務権限〟を持っており、指導に従わなかったり、悪質だったりした場合には、刑事訴訟法に基づく手続きを行い、事件として検察庁に送致することができるのです。

舐めると痛い目に。労働基準監督官には逮捕権限もある

司法警察員とは、刑事事件の捜査を行う行政庁の職員のことで、次のような権限を有しています。

【司法警察員に与えられている権限の例】

①各種令状請求権（刑事訴訟法１９９条2項・２１８条3項）
②逮捕された被疑者を釈放又は送致する権限（刑事訴訟法２０３条・２１１条・２１６条）
③事件の送致・送付の権限（刑事訴訟法２４２条・２４５条・２４６条）
④告訴・告発・自首の受理権限（刑事訴訟法２４１条・２４５条）

そして、こうした権限を有している労働基準監督官は、こと労働基準関係法令の違反事案に対しては、取り調べや実況見分などの任意捜査のほか、逮捕や捜索差押え・検証などの強制捜査の権限を持っており、極めて強い姿勢で臨むことが刑事訴訟法上で許されているのです。

労働基準監督官の実情は

強力な権限を有している労働基準監督官ですが、指導対象となる事業場の数に比べ労働基準監督官の数が圧倒的に不足しており、なかなか対応しきれていないというのが実情です。例えば国税庁職員が5万6000人ほどいるのに対し、労働基準監督官は、全国で4000人ほどしかいません。しかも4000人の労働基準監督官のうち、およそ1000人は管理職だったり、労働局だったり、あるいは霞ヶ関で勤務しており、実働部隊は3000人弱にすぎません。

この人数で全国412万の事業場を監督しているのです。単純計算すると、実働部隊1人あたり1300事業場となり、もし1社ずつ訪問するとなると、土日休みで毎日2社ずつ回っても約3年は掛かることとなります。実際には、建設現場などの有期の事業場も数多くあるうえ、その他にも職務を抱えていますから、絶対数が足りないと言わざるを得ないでしょう。

そこで、労働基準監督署は、問題のありそうな業種や会社などの集団をピックアップして、効率よく指導を行うために、年間の計画を立てて監督を実施するようにしています。

近年の例では、例えばＩＴ産業などは、長時間労働の恒常化が多く見られる業種であり、労働局によっては「情報処理産業を主眼とする監督」とか、「限度時間を超過して３６協定の特別条項を締結している企業」など、業種や届け出書類から引っ張り出して対象を選んだりしています。

また、事件が発端になることもあります。例えば、ある大手レストランチェーンの女性労働者が月約１４１時間も残業し、過労の末に自殺した事件があったのですが、その女性労働者の自殺が労働局の労災保険審査官により労災認定された際、経営者がツイッターで「適正な労務管理をしていた」とつぶやき炎上したことがありました。これを某新聞社が取り上げ、たちまち社会問題化してしまいました。

この事件は他の新聞社でも大きく取り上げられ、連日この会社に対する様々な報道が行われました。その結果、行政としても看過できないとして、全国的に「若者の使い捨てが疑われる企業等」への監督指導を計画に盛り込むようになったのですが、世間一般でいう「ブラック企業」対策として、その翌年にはメインの対象事業場として全国で監督指導が実施され、以後継続的に指導対象となっています。

元労働基準監督官の本音

　大手レストランチェーンの女性労働者の過労死の報道を行った新聞社の記者は、既に労働局を辞めて福岡にいた私に取材を申し入れてきました。その記者から取材の過程で得た資料を見せられて、解説を求められたのですが、実は、この内容は私が在職時に遺族に対して開示した資料から作られたものでした。

　労働局に在籍していたとき、私は企画室で情報管理専門官という仕事をしていました。企画室では、監督署やハローワーク、そして労働局内で作成された様々な行政文書を開示する業務がありました。個人情報の開示請求を受けると、労働局内の担当部署に、請求者の住所と名前をマスキングした請求書の写しを渡し、実際に保管された部署からそのままの文書を取り寄せて、開示できるところ、開示できないところの案を作り、厚生労働本省の担当部署に伺いを立てたうえで開示するという手続きを取っていました。そして、この事案についても対応していたのです。

　その当時、私は開示できない情報としてどこを塗りつぶすのか考えなければならない中、調査された報告書（復命書と役所では呼んでいます）を見ると、体の痛さや苦しさを綴った本人の悲痛な走り書きメモが添付されてあり、毎日の長時間労働に加え、休みの日にも経営者の出版物を読んでのレポート提出など求められており、最初は経営者に憧れ、夢と希望を持って入社した女性労働者が、過酷な職場環境により次第に追い詰められていった様子が見て取れました。記者から取材を受けたときに、その当時の記憶がよみがえり、非常に重い気持ちになったことを憶えています。

それにしても、労働基準監督官という仕事は一般にはなじみのない仕事のようです。私は、大学時代にたまたま労働法のゼミを選択して監督官という存在を知り、受験して採用されることになりましたが、監督官になった背景は人によって様々です。

中には、「父親を労災事故で亡くした。二度とそんな事故が起きないようにしたい」とか、「自分がブラック企業で働いてたいへんな目にあった。そんな会社の姿勢を正したい」などという理由で監督官を志した人もいます。そして、実際に会社を指導するために必要な法律知識をしっかりと身につけるために、自主的に勉強会を開くような熱心な人もいます。

しかし、全員がそうではありません。公務員という仕事を目指す中で、たまたま監督官になったという者も少なくはありません。みんながみんな崇高な志を持って職務にあたっているわけではなく、当たりはずれもあるのが監督官です。会社にとってどちらが当たりなのかは解釈次第ですが……。

一番注意しなければならない労働基準監督署の調査とは

「監督署の調査で一番注意しなければならないのは何ですか?」と聞かれることがありますが、監督署の調査には「定期監督」「災害時監督」「中告監督」「再監督」と様々な種類があり、それぞれ重要です。いずれも突然やってきますし、調査を実施するということは、監督署が「その会社に何らかの問題がある」と見てリストに上げたということを意味します。

調査(監督)のやり方は大きく3つあります。監督官が直接やってくる「臨検」監督、呼び出し状などが送られてきて出向くことになる「呼び出し」監督、そして多数の企業が会議室などに集められて個別の指導を受ける「集合」監督です。

「臨検」とは、その場に臨んで検査することで、行政機関の職員が、行政法規の実施を監視するために、営業所・倉庫・工場などに立ち入ることを意味します。

個別の事案ごとに調査のやり方は異なりますが、一般的には、定期監督は臨検、呼び出し、集合の方法で実施。災害時監督は臨検。中告監督は臨検、呼び出し。そして再監督は臨検のやり方で実施されます。

労働基準法(101条1項)で、「(労働基準監督官は)事業場、寄宿舎その他の附属建設物

監督業務の種類

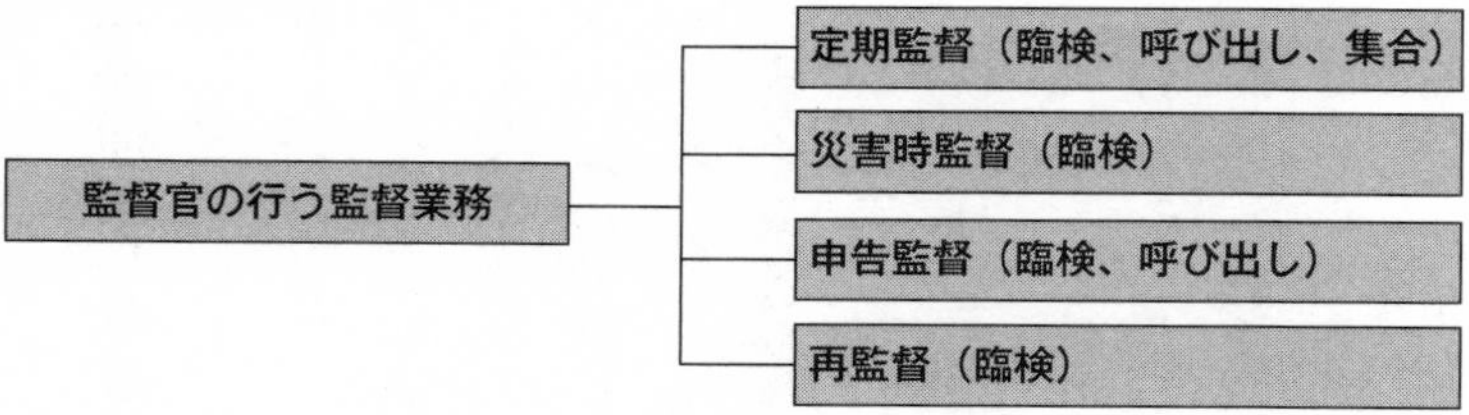

に臨検し、帳簿及び書類の提出を求め、又は使用者若しくは労働者に対して尋問を行うことができる」と書かれていることは説明しましたが、臨検監督は、基本的に突然何の前触れもなく行われます。

もともとは事前に予告の連絡を入れたりしていましたが、事前に予告してしまうことにより事業場の実情を十分に把握することができないとして、霞が関からの指示により原則予告をしないということになりました。調査内容は、事業場の労務管理の責任者や担当者から話を聞き、書類を確認したうえで職場内の巡回確認など行います。問題がありそうな場合には、労働者の端末のログの確認まで行ったりします。会社は、法令上臨検監督を拒むことはできません。拒むことにも、法令上のペナルティが課されているからです。

私自身は直接的に拒まれた事例はありませんでしたが、職場の同僚が臨検監督を拒否されたということで戻ってきたことがありました。

このように、拒否された場合の対応は、基本的には複数名で再度臨検することになります。それでも拒否する場合には、事件にするか見逃すかいずれかの選択を行うことになります。見逃すと言っても、次回以降に労働者からの相談など何らかの問題があった場合には、いきなり司法手続きに移行し、令状を取って強制捜査を行うことになる可能性もありますので、放置されてしまうわけでもありません。

前述した同僚のケースでは、再度臨検の際に複数名で訪問し、臨検監督を実施することができたので事件として着手することはありませんでしたが、拒否した場合に備えてカメラも持参して、拒否した場合には撮影を行い、証拠化する手はずも整えていました。

一般的な調査のことを「定期監督」という

定期監督とは、毎年、各監督署で策定される監督指導計画に沿って実施される監督のことです。「ていかん」と呼んでいました。

霞が関で毎年1月頃に各都道府県労働局長を集めた会議が実施されますが、この会議の中で次年度実施する監督指導計画に関しての指示（本省版留意通達と呼んでいました）が出され、それに基づき各労働局の実情にあわせた留意通達（局内留意通達）が3月初めに管内の監督署あてに出されます。ここで出された内容に基づいて、監督署で監督指導計画を策定することになるのですが、どのような内容が示されているのか外部から知る手段はありません。情報公開法に基づく情報開示請求を行うと、一部を除き知ることはできますが、手続きには時間も費用もかかります。

ただし、この留意通達のもとになっている「地方労働行政運営方針」という文書に基づき、各労働局で策定した「○○労働局行政運営方針」（○○には各都道府県名が入る）という文書が毎年度公表されています。この文書を確認することで、どのような方針のもとで計画が作られたのかということをある程度判断することができるようになっています。

監督署は3月にターゲティングする

3月は、各監督署の方面主任監督官などの管理者は、ほとんど監督指導計画を作る業務に追われてしまいます。前の年の実施状況を取りまとめたうえで、どんな部分について来年度以降に指導が必要なのかということを、留意通達に沿って作り上げます。監督署の人員をもとに、年間の業務量が割り当てられます。

例えば、署長なら月7人日（業務量を示す単位）とか、ヒラの監督官なら月13人日とか具体的にメンバーごとにはじき出し、年間のその監督署で行わなければならない業務量が決まります。そして、次年度に実施する予定の定期監督や、申告処理、災害調査、司法処理業務、集団指導（事業者の集まりのときに説明したり、会合に出席したりする業務）などの業務量をそれぞれ振り分けます。

このうち、災害時監督や情報に基づく定期監督などの場合、対象とする会社の名簿は作れませんが、それ以外の定期監督については、留意通達に示された重点となっている項目ごとに名簿を作り、監督の実施件数を決めていきます。

ちなみに災害時監督は、労働者死傷病報告や労災の療養給付請求書（いわゆる5号様式）などに基づいて、緊急性はないけれども再発防止のために指導が必要な事案等をそのつど見繕い、監督指導を行うというものです。「労災かくし」の疑いがありそうな事案も、この災害時監督に組み込まれることが多く、監督件数の統計上は、定期監督と災害時監督は同じく計上され「定期監督等」と示されています。

司法処理（送検）の件数は実は決まっている？

監督の重点となる項目は、行政に対するニーズに基づいて霞が関の指示のもとに作られた局内留意通達に従って決められます。ここ最近でいえば、過重労働対策や、労働条件の確保改善対策、ブラック企業対策などが主要なテーマとなっています。

名簿は、それぞれの項目ごと、例えば過重労働対策であれば、過去に長時間労働などの指摘を行った事業場や過労死の請求があった事業場などをシステムからリストアップしたりします。

こうして立てられた計画は、労働局に伺いを立て、何度かのすり合わせを行ったうえで、名簿とともに次年度の監督指導計画として策定されることになります。要は、問題のありそうな事業場をいかにリストアップして、いかに効率よく限られた人員で指導を行うかということです。

そして、年度ごとに立てられた計画を月ごとに割り振った計画が作られ、さらに各監督官に対して、リストとともに定期監督○件、申告処理○件、司法処理○件などと、やるべき仕事が割り振られます。

監督官は、その割り振られたリストをもとに、月ごとの実施予定計画を立て、決裁をもらったうえで監督・指導を行い、その後、実施後の中間の報告、期末の報告を行うことになっています。その際、実施状況が悪い監督官に対しては、上司から個別指導が行われたりもしますから、なかなかシビアです。そういう意味では、一般にいう〝お役所仕事〟とはまったく異なります。

ちなみに、ここ最近は、労働時間の調査も兼ねたような監督指導の際に、前述した「集合監督」の形式をとって、複数の使用者を一斉に呼び出すこともあります。効率的に多数の事業場を調査することが目的なのですが、昨今のコロナ禍により一度に呼び出させる事業場の数が少なくなっている傾向があります。

「申告監督」すなわちチクリ——その実態に迫る

申告監督とは、その名のとおり、労働者からの申告を受け付けたとき、その内容を確認し違反があれば指導を行うための監督です。労働基準法104条で、「事業場に労働基準法に違反する事実がある場合には、労働者の権利として監督署や監督官に申告できる」と決められており、その申告への対応（申告処理）の一環として行われています。

言葉は悪いですが、労働者からのチクリがあったとき、その内容を確認し、主に「法令違反があったこと」「そのことに基づいて不利益を被ったこと」「その権利の救済を求めていること」などの要件を満たした場合に申告事案として受け付け、申告処理を開始します。

もちろん、申告監督を実施しないで終わるような申告処理もあります。例えば、電話を掛けてみたらすぐに未払い給料を支払うことになって、労働者から処理終了の同意をもらうというケースだと、電話の1~2本で終了するような事案も存在します。

ただ、中には常習の事業場であったり、労使間が非常にこじれて処理がなかなか進まなかったり長期化する事案も少なくありません。

また、受付件数は、監督署によって非常にばらつきがあります。例えば、東京局は全国でも多いところですが、特に青梅の監督署と三田や渋谷の監督署では受理する桁が違います。受理件数が多い監督署では、基本的に監督官の輪番制で回しているのですが、1カ月に1件程度しか回らない署もあれば1日に数件割り振られる監督署もあります。処理が多い監督署への配属を命じられた監督官が、非常に重い気持ちで赴任することになるのは仕方のないことでしょう。

申告監督は時間が掛かる？　だからこそ当てにいく！

実は、労働基準監督署に寄せられる相談、電話、投書などはかなりの数に上りますが、前述したように、要件を満たせば申告事案として受理することになります。また、それ以外の情報に関しても、「情報事業場」として定期監督の計画に組まれることもあります。

しかし監督官の数は限られていますので、そのすべてを監督の対象とするわけにはいき

労働基準監督の仕組み

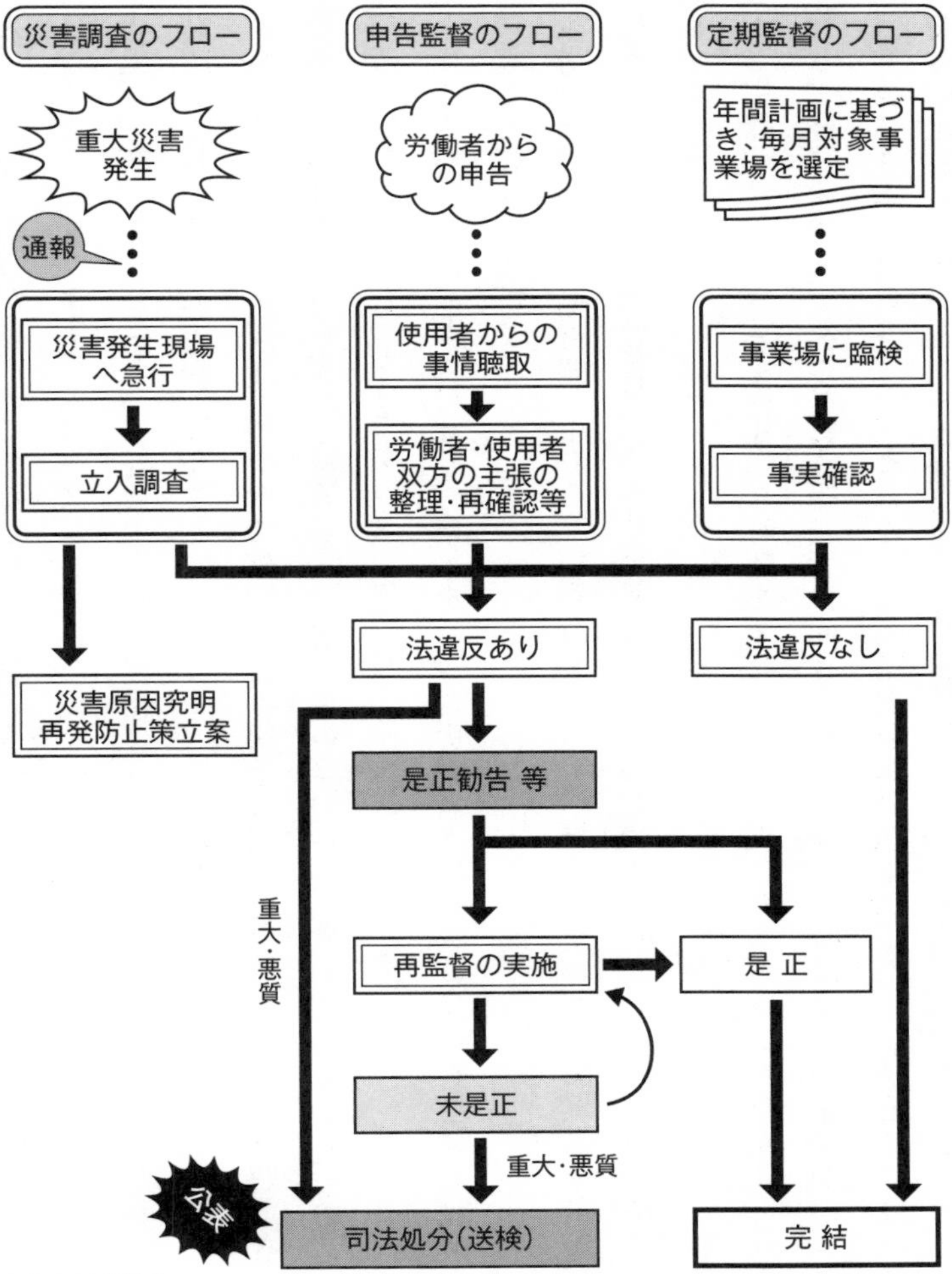

出典：厚生労働省HP

ません。そこで、内容が具体的であるとか、複数の情報があるなど、より信憑性の高いところに行くことになります。要はハズレを引きたくないのです。

申告処理に関しては、基本的に対象の会社に連絡のうえで担当者等を呼び出したり、会社に訪問したりして事実確認を行うことになります。労働者本人の申し立てについて、言い分に食い違いがない部分や書類などで確認できる部分に関して、法令違反が確認できれば、その改善の勧告を行う文書を渡します（裏付けのない部分に関しては、どちらが正しいのかわからないということになりますので、指摘はできないことになります）。

あとはその履行状況などを見守り、申告を行った労働者が処理の終了に合意すれば終わりということになります。

厚生労働省が国際労働機関（ＩＬＯ）に報告するために作成している「労働基準監督年報」によると、申告監督は監督全体の２割前後で、定期監督と比較すると絶対数は多くはありません。

しかし実際には、会うことに相当な時間を要したり、約束したことがなかなか守られなかったり、怒りの矛先が処理を行う担当者に向けられたりなど、時間や業務量がかかってしまう事案も少なくありません。そんな中でも監督官は件数をこなし、結果を出すことを強く求められます。だからこそ監督官は、〝申告監督に行くからには当てにいく〟という意識を強く持つのです。

申告監督の件数は臨検全体の2割にも！

申告監督が実施される際、労働者からの申告に基づいて実施された監督であることを事業者に明らかにせずに実施することがあります。

申告を受理する際には、申告者を明らかにしてから処理を開始することになるのは当然ですが、「こちらから相談があったことを伝えないでほしい」とか、「相談があったことは伝えてもよいけど、誰から話があったのかは教えないで」と言われることがあります。

例えば解雇予告手当の支払いなど、その個人にかかる問題だけのときには、それが難しい旨を伝えますが、長時間労働や残業代の未払いなど全体にかかる問題のときには、「何か直接的な申告があって監督を実施したわけではない」と装う場合もあります。

そんなとき、「誰がチクったんだ」と犯人捜しをする会社もありますが、誰が言ったのかを調べるのは愚策そのものです。犯人捜しをすることによって、労働者との信頼関係が失墜することにつながりますし、場合によっては大量離職につながる事態にもなりかねません。

また、その場を取り繕うような対応をして、その後、例えば嘘をついたことが判明しよ

臨検監督の際に確認する資料

最重要は賃金台帳

労働者の把握

労働者リスト	賃金台帳	一応　労働者名簿

↓

勤務条件の確認

就業規則	シフト表や変形労働時間制の届出	宿日直許可の確認	３６協定等の確認

↓

労働時間の把握

タイムカード	勤務記録票	残業申請書

↓

賃金の支払状況

賃金台帳	給与明細書

↓

安全衛生管理

健康診断個人票	安全衛生管理体制組織表	安全衛生委員会議事録	安全衛生に関する届出

うものなら、「悪質だ」とみなされ、送検された挙句、最終的に起訴されることにもなりかねません。労働基準監督署にしても、検察庁にしても、嘘をついた会社に対して厳しい目を向け、対処するのは当然のことでしょう。

　なお、監督を実施した後、是正勧告した違反が是正されたかどうかを確認するために行われる「再監督」もあります。いずれにしても監督署がやってきたことで慌てることがないよう、日々、丁寧に労務管理を行っておく必要がありますし、指導を受けた場合は真摯に対処することが大切です。なお、監督を実施した際に確認する資料は、各監督官によって異なりますが、おおむね監督指導の流れと併せて上の図のとおりです。何らかの決まりごとではなく、効率よく行えるのではないかという経験上で築き上げた流れです。

監督官の強制捜査――その場で逮捕ができるのか？

臨検監督は、原則として予告なしに実施されます。また、前述したように、労働基準監督官は「司法警察員としての職務権限」を有しており、監督官に対して、「調査を拒む」「調査を妨げる」「尋問に答えない」「虚偽の陳述をする」、あるいは「帳簿書類を提出しない」「虚偽の帳簿書類を提出する」などの行為があれば、それ自体が法令違反となってしまいます（労働基準法第１２０条）。そして場合によっては、司法事件として捜査に着手されてしまうかもしれません。

また、監督官は司法警察員ですから、当然、逮捕権も持っています。実際、各労働局には手錠が準備されており、研修でも手錠のはめ方や腰縄の付け方などを習います。ただ、実際に逮捕を行うケースは全国的にも年に数回程度あるかないかですし、私自身も手錠をかけたことはありません。

権限があるからと言って、やたらに逮捕するわけではないのです。逮捕後48時間以内に送致しなければなりませんが、監督署には逮捕した人を入れる勾留施設がありません。そこで、実際に逮捕するとなると検事経由で依頼して、拘置所や警察の留置所を使わせてもら

これに違反していると罰せられる！ 労働基準監督官が指摘する主な項目

労働基準法	労働安全衛生法
均等待遇（第3条）	総括安全衛生管理者（法10条）
男女同一賃金（法4条）	安全管理者（法11条）
強制労働（法5条）	衛生管理者（法12条）
中間搾取（法6条）	作業主任者（法14条）
労働条件の明示（法15条）	総括安全衛生責任者（法15条）
強制貯蓄（法18条）	安全衛生委員会（法17 ～ 19条）
解雇の予告（法20条）	労働安全衛生規則（法20 ～ 25条）
賃金不払（法23·24条）	ボイラー・圧力容器安全規則（同上）
労働時間（法32条）	クレーン等安全規則（同上）
休憩（法34条）	ゴンドラ安全規則（同上）
休日（法35条）	労働安全衛生規則（同上）
有害時間・協定の基準適合（法36条）	有機溶剤中毒予防規則（同上）
割増賃金（法37条）	鉛中毒予防規則（同上）
年次有給休暇（法39条）	四アルキル鉛中毒予防規則（同上）
最低年齢（法56条）	特定化学物質障害予防規則（同上）
深夜業〈年少者〉（法61条）	石綿障害予防規則（同上）
就業制限〈年少者〉（法62条）	高気圧作業安全性制規則（同上）
就業制限〈妊産婦等〉（法62条）	電離放射線障害防止規則（同上）
産前産後（法65条）	酸素欠乏症等防止規則（同上）
就業規則（法89条）	事務所衛生基準規則（同上）
寄宿舎規則（法95条）	粉じん障害防止規則（同上）
労働者名簿（法107条）	定期自主検査（法45条）
賃金台帳（法109条）	安全衛生教育（法59·60条）

うことになりますが、その手間はたいへんです。

それだけに監督署としては、逮捕事案はなるべく避けようとする傾向がありますが、それでも、ごくごく一部ですが、個別にそれらの施設に連絡を取って使わせてもらうような逮捕マニアな監督官もいますし、年間何件かは、逮捕に至るような事案が発生しているのが現状です。

実際に逮捕にまで至るケースは、直近では、外国人労働者に絡むような事案や、賃金不払いで逃げてしまった経営者を見つけたなどの事案でしょう。

そういう会社は、証拠を隠滅する恐れが高いと判断して逮捕に踏み切ることになります。あるいは、逃亡している人の所在をつかんで逮捕するケースや暴力団絡みの事案などの場合には警察に協力を求めて動くことも少なくありません。ところで、どんな要件に違反すると罰せられるのかについては、右の表に挙げるように実に多岐にわたっています。

これほど広範囲にわたる労働基準関係法令の内容すべてを自分で把握している経営者はおそらくいないでしょう。ただ、何らかの問題があるのではと思ったら、おそらくそれは法令違反の可能性があります。実際に過重労働で倒れてしまったり、労災事故が発生してしまったりしたあとでは取り返しがつかないことになってしまいます。繰り返しになりますが、常日頃の労務管理や安全衛生管理体制の整備が重要なのです。

Coffee Break

税務署による調査はどのような内容でしょうか？

税務署による税務調査には、「任意調査」と「強制調査」の2種類があります。このうち任意調査は事前に日時が通知されますし、調査を受ける個人や法人の同意なしに調査が行われることはありません。また、日程が合わなければ、別の日程に変更してもらうことも可能です。ただし、税務署の任意調査には強制力がないとは言え、正当な理由がないのに調査を断ることや、税務調査員の質問に対して答えないなど、調査官の求めに応じないということは認められていません。

そのような行為に対しては、国税通則法第10章に、「担当審判官の行う審理のための質問に対して答弁せず、若しくは偽りの答弁をし、又は帳簿書類その他の物件の検査を拒み、妨げ、若しくは忌避し、又は偽りの記載若しくは記録をした帳簿書類を提示した者は、30万円以下の罰金に処せられる」と規定しています。そういう意味では、任意調査であっても調査の実施を拒否することはできないと考えるのが現実的でしょう。

一方、税務署の強制調査は、地方裁判所あるいは簡易裁判所からの「強制調査許可状」をもって実施され、そもそも調査を受ける個人や法人の同意なしで、臨検、捜索、差し押さえなどを行えます。ここで登場するのが国税局査察部（通称「マルサ」）です。こうした強制調査は計画的に多額の脱税を行っているような、非常に悪質な案件に対して行われるもので、最終的に警察庁に告発することを前提にしています。

法律を知らないでは済まされない

例えば、トラックに荷積みをしているときに墜落したなどという事故がよくありますが、本来は、トラックを使うときには作業計画を作らなければならないことになっています。あるいはフォークリフトを運転させるには技能講習を受けさせないといけないし、加えて作業計画も作っておかなければならないのに、それを知らずに仕事をさせているうちに大きな事故が起きてしまったなどというケースもあります。そして、最終的に作業計画を作っていなかったことで罪に問われるケースも少なくありません。

つまり、刑事手続きになった場合には、「法の不知はこれを許さず」という言葉のとおり「今までやっていて、誰も文句を言わなかった」とか、「法律を知らなかった」ということで無罪放免とはならないということです。

調査後の流れは？

定期監督、災害時監督、申告監督などいずれの場合も、調査の結果、労働基準関係法令違反が認められた場合には、監督官から「是正勧告書」が交付され、事業場側はそれに対応した「是正報告書」を提出する必要があります。

また法令違反ではないものの、改善しないとトラブルや事故の恐れがあるような内容に関しては「指導票」が交付されます。指摘事項を改善したうえで、「指導票に対する改善措置報告書」を提出しなければなりません。

加えて、行政処分として事業場の施設や機械などの「使用停止命令書」が交付され、使用停止命令や変更命令が下されることもあります。労働法令違反による労働災害を未然に防止するためです。こちらの場合には、命令に従わなければ、指摘された法令違反のほかに、従わないこと自体も処罰の対象にもなってしまいます。

是正勧告書と指導票を出された。それってマズイことなの？

是正勧告書は、前述したように労働基準監督官が調査（監督指導）を行った結果、法令違反があった場合に交付されるもので、どの法律に、どのような違反事項があったか、そして、いつまで是正すればよいかという期日が記載されています。この是正勧告ですが、実は行政処分ではなく、あくまで行政指導なので法的な強制力はありませんし、違反があったからといって、その場で罰金などが科せられるわけではありません。

しかし、法令違反だとして指摘されている以上、労働基準監督署に是正報告書を提出しない、あるいは提出したものの実際に是正する姿勢を見せずにいると、悪質だと判断されて捜査が開始され送検されることもあります。そうなれば、労働基準法や各法律に定められた罰則が適用される可能性も出てきますから、きちんと対処すべきです。

それは、指導票を出された場合も同様です。たかが指導票と軽く見て無視などしていようものなら、監督署に徹底的にマークされることになります。監督署では、是正を確認するまで処理は完結しておりません。是正報告を出さなかったこと自体、厚生労働省で管理するデータベース（労働基準行政システム）上に掲載されてしまいますので、半永久的に報告をしなかった事業場として取り扱われ、全国の監督署で確認ができますので、会社の支店などで何らかの問題が生じたときには司法事件に移行してしまう恐れもあります。必ず、改善すべきところは改善して、きちんと是正報告書を提出することをオススメします。

是正勧告書・指導票から学ぶべきことは？

是正勧告書や指導票は、前述のとおり出されたからといってすぐに処分されることはま

是正勧告書・指導票例

是　正　勧　告　書

令和○年○月○日

株式会社＊＊＊＊＊
代表取締役　＊＊　＊＊　殿

＊＊＊＊労働基準監督署
労働基準監督官　＊＊　＊＊　印

貴事業場における下記労働基準法、労働安全衛生法違反については、それぞれ所定期日までに是正のうえ、遅滞なく報告するよう勧告します。なお、法条項に関わる法違反（罰則のないものを除く）については、所定期日までに是正しない場合または当該期日前であっても当該法違反を原因として労働災害が発生した場合には、事業の内容に応じ、送検手続きを取ることがあります。

法条項等	違反事項	是正期日
労働基準法 第15条	労働者と労働契約を締結する際、労働時間、賃金、その他法令で定められた事項に関し、文書を交付する方法により労働条件を明示していないこと。	今後 年　月　日
同法 第32条 第35条	所定労働時間が、法定労働時間（週40時間、1日8時間）を超過しており、かつ、時間外労働・休日労働に関する協定を締結しこれを届け出ていないにもかかわらず、時間外労働・休日労働を行わせていること。	即時 年　月　日
同法 第24条 第37条	法定労働時間を超過した労働時間に対し、2割5分以上の割増率を乗じた時間外手当を支払っていないこと。また、夜勤専門で行う労働者に対し、2割5分以上の割増率を乗じた賃金額が支払われていないこと。	年　月　日
同法 第34条	夜勤専門で行う労働者に対して、8時間を超える労働を行っているにもかかわらず、夜勤の間に1時間以上の休憩時間を取得させていないこと。	即時 年　月　日
同法 第89条	常時10名以上の労働者を使用しているにもかかわらず、就業規則を作成し、従業員の代表者の意見を聴取したうえで、これを所轄労働基準監督署に届け出ていないこと。	年　月　日
同法 第108条	賃金台帳を、事業場ごとに調製し、事業場において保管していないこと	年　月　日
受領年月日 受領者職氏名	令和○年○月○日 人事部　部長　＊＊　＊＊　印	

指　導　票

令和〇年〇月〇日

株式会社＊＊＊＊＊
代表取締役　＊＊　＊＊　殿

＊＊＊＊労働基準監督署
労働基準監督官　＊＊　＊＊　印

あなたの事業場の下記事項については、改善措置をとられるようお願いします。
なお、改善の状況については、〇月〇日までに報告してください。

指導事項

1　タイムカードに打刻された時間と実態の支払いの対象とされた時間に、大きな乖離があります。時間外労働時間、休日労働時間を適正に把握するために、適切な労働時間の把握できるシステムを確立してください。

2　勤務記録表の休憩時間の記録において、一部の労働者について、法定の時間数を下回る記録が認められます。各労働者の休憩時間の取得状況、記録方法についての実態調査を実施し、その結果、法定の休憩時間が確保されていない状況が認められる場合には、今後、法定の休憩時間の確保が徹底されるよう、労働者の教育指導を徹底してください。

3　年次有給休暇については、労働者ごとの取得した日、取得日数、基準日などを適正に記録管理できるシステムを確立してください。また、計画的な有給休暇の消化制度を設け、労働者の取得しやすい環境を整備してください。

受領年月日 受領者職氏名	令和〇年〇月〇日 人事部　部長　＊＊　＊＊　印

ずありません。しかしながら、法の観点から問題あると指摘しているので、むしろ人事労務管理を改善するチャンスと捉えるべきでしょう。指摘された事項というのは、監督官から見て、事業場で労務管理上のトラブルや、安全衛生管理上の事故など生じる可能性がある「リスク」があると指摘しているわけです。リスクマネジメントの観点から、リスクの存在に気が付かなかった点を教えてもらったのですから、自社の労働契約内容や就業規則、人事制度、社員の勤怠管理など見直すいい機会です。

また、是正報告書を提出することで、「当社は労働法令違反状態を○年○月○日に、どう措置して是正したか」という事実を証明できるようになります。

そういう意味でも、是正勧告書と指導票を交付されたときには、それをチャンスととらえ、職場環境を正していくようにすべきなのです。

元労働基準監督官の本音

監督官によって、大量の指摘を行う者と、お土産程度の違反を少しだけ指摘する者がいます。事業場の担当者にとっては、楽な改善事項のほうが、より早く改善できて「当たり」の監督官であると思うことでしょう。でも、本当にそうなのでしょうか?

現在、監督官はある程度のノルマをこなさなければなりませんし、目標を設定してそれに達する必要があります。それは、人事評価制度が平成20年ころより始まり、その後この評価に応じてS、A、B、C、Dのランク付けが行われ、給与や賞与に反映されることになりました。監督官の場合、目標設定が監督の実施率や違反事項に関して行われるため、違反なしで終わってしまうのは、自分の成果にも影響してしまいます。ただ、あまり突っ込んで違反を指摘しまくったりした場合、是正完了までに時間がかかるうえ、事案がずっと完結せずに手持ち事案となってしまいますので、自分の首を絞めることにもつながりかねません。

そのため、チョロ監など呼ばれる「ちょっとだけ監督」を実施して、改善しやすそうな違反のみ指摘し、その他の問題点を確認しないまま終わらせるような監督官がいます。

一方、違反を多く指摘する監督官は、ある意味自分の処遇などの問題より、事業場の問題点を洗い出して改善させることを重視して勧告書を出しています。

実際にトラブルや事故になってしまった場合、事前に指摘を受けていなかったら、ことが起きるまで気が付かないことでしょう。トラブルや事故が事業場にとって取り返しのつかないことになってしまうこともあります。そうなったときに、あのとき指摘を受けて改善していればよかったのにと思うかもしれません。

事業場にとって本当の意味での「当たり」といえる監督官は、果たしてどちらなのでしようか!?

逮捕、送検……実際にそんなことがあるの？

労働基準監督署は、1年間におよそ17万件の監督（臨検）を行っています。『労働基準監督年表　2018年』によると、その内訳は、定期監督等：13万6281件、申告監督：2万946件、再監督：12万946件となっています。そして、そのうち896件（1809人）が送検され、起訴されたのが335件（599人）、不起訴が534件（1147人）で、起訴率は38・6％に上ります。

また、裁判の結果、懲役が3件（3人）、正式裁判による罰金刑が7件（14人）、略式裁判による罰金刑が325件（580人）で、無罪はゼロでした。

それればかりではありません。厚生労働省は、2017年5月から、労働基準関係法令違反の疑いで送検された企業リストの一覧を、ホームページ上で公表するようになりました。左ページの図は、直近の2019年12月1日から2020年11月30日の間に公表された「労働基準関係法令違反に係る公表事案」の都道府県別の件数のグラフです（最終更新日2020年11月30日）が、これを見ると、2019年には全国で444件の会社・事業場が

労働基準関係法令違反に係る公表事案の件数

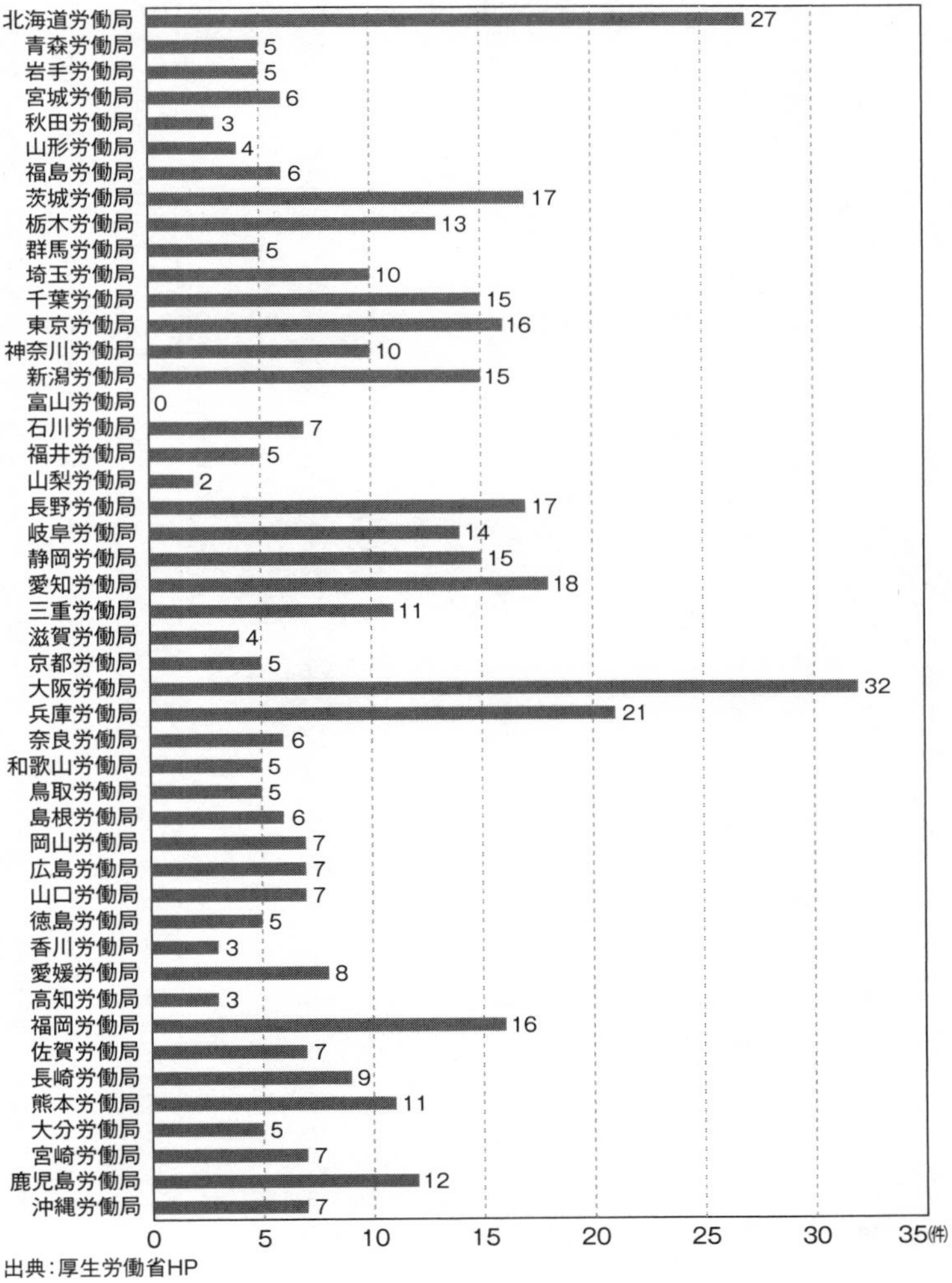

出典：厚生労働省HP

送検されており、大阪32件、北海道27件、兵庫21件、愛知18件、長野17件、東京16件、福岡16件と、続いていたことがわかります。

Coffee Break

逮捕と送検、起訴の違いって何？

最近、人事労務に関する話題で、「逮捕」「送検」「起訴」というキーワードがあるニュースを見る機会が増えました。ところで、この逮捕と送検、そして起訴の違いをご存じでしょうか？

簡単に説明しますと、逮捕とは、罪を犯したと疑われる人（被疑者）の身体を強制的に拘束し留置施設に連れていくことをいいます。逮捕の主な目的は、犯罪の証拠隠滅を防止することと、被疑者の逃亡を防止することであり、この時点ではまだ有罪であることが確定してはいません。逮捕された後、検察官の下に送られることを送検といい、証拠書類等のみ送られることを一般的には書類送検といいます（送検、書類送検という名称は俗語であり、正しくは共に「送致」、告訴告発事件の場合には「送付」といいます）。逮捕された場合、48時間以内に送検するか釈放するかしなければなりませんが、労働基準監督署が逮捕した場合には、検察庁と相談のうえでの処分であるため、48時間以内に検察庁に身柄を送ることになります。

送検された場合、原則10日間、最大20日間の勾留期間で取り調べを受け、検察官が起訴するか不起訴とするかの処分を決定します。そして、不起訴となった場合には身柄が解放され、起訴された場合には被疑者は被告人となり、裁判所で裁かれることになります。

一般に労働事件の場合には略式起訴が多く、即日、簡易裁判所により罰金刑の決定がなされて、仮に身柄が拘束されていても、そこで釈放されます。

ただし、社会問題になった大手広告代理店の事件の場合は違いました。身柄こそ拘束されませんでしたが、裁判所が「略式は不可」として公判が開かれることになりました。それだけ社会的影響が大きな事案だったということでしょう。

ところで、略式起訴といえば、軽い罪に問われただけと誤解されがちですが、たとえ、略式起訴といえども、有罪となれば刑事罰として処分を受けたことになり、前科が付きます。そうなると、金融機関からの融資の制限や保証人の制限が付く、または受けられなく可能性が高まります。軽く考えてはいけないということです。

労働基準関係法令違反に係る公表事案

東京労働局　最終更新日：令和２年11月30日

企業・事業場名称	所在地	公表日	違反法条	事案概要	その他参考事項
[redacted]	東京都渋谷区	R1.12.6	労働基準法第40条	労働者１名に、36協定の締結・届出なく違法な時間外労働を行わせたもの	R1.12.6送検
[redacted]	東京都渋谷区	R2.1.14	労働安全衛生法第61条 労働安全衛生法施行令第20条	無資格の労働者にフォークリフトを運転させたもの	R2.1.14送検
[redacted]	東京都渋谷区	R2.1.15	労働安全衛生法第31条 労働安全衛生規則第646条	型枠支保工の支柱について２メートル以内ごとに水平つなぎを２方向に設けずに請負人の労働者に使用させたもの	R2.1.15送検
[redacted]	東京都武蔵村山市	R2.1.15	労働安全衛生法第20条 労働安全衛生規則第242条	型枠支保工の支柱について２メートル以内ごとに水平つなぎを２方向に設けていなかったもの	R2.1.15送検
[redacted]	東京都千代田区	R2.1.29	労働基準法第24条	労働者５名に、１か月間の定期賃金合計約170万円を支払わなかったもの	R2.1.29送検
[redacted]	東京都江東区	R2.3.11	労働安全衛生法第21条 労働安全衛生規則第519条	高さ約2.9メートルの倉庫中２階において、手すり等の墜落防止措置を講じることなく労働者に作業を行わせたもの	R2.3.11送検
[redacted]	東京都板橋区	R2.3.25	労働安全衛生法第21条 労働安全衛生規則第362条	コンクリートブロック塀の損壊等による危険防止措置を講じることなく近接する場所で明り掘削の作業を行わせていたもの	R2.3.25送検
[redacted]	東京都渋谷区	R2.6.11	労働安全衛生法第22条 労働安全衛生規則第578条	内燃機関を有する機械を使用して溶接作業を行うに際して、一酸化炭素中毒を防止するための換気が行われていなかったもの	R2.6.11送検
[redacted]	東京都墨田区	R2.6.16	労働安全衛生法第21条 労働安全衛生規則第518条	高さが２メートル以上の箇所において、墜落防止措置を講じずに、労働者に作業を行わせていたもの	R2.6.16送検

出典：東京労働局HP

送検されたら、企業名の公表も

公表されているのは件数ばかりではありません。都道府県別に送検された会社・事業場名も公表されています。上の表は、厚生労働省がインターネットで公表した、東京労働局による送検事案のリストの一部です。

本書ではあえて黒塗りにしてありますが、表左端の企業・事業場名称の欄には実名が書かれ、続けて所在地、公表日、違反法条、事案概要、その他参考事項（送検年月日）も記載され、誰でもチェックできるようなっています。

例えば、表の一番上の企業を例にとると、所在地は東京都渋谷区であり、事案が公表されたのは令和1年12月6日で、労働基準法第40条に違反して、労働者1名に、36協定の締結・届出なく違法な時間外労働を行わせたことから、令和1年12月6日に送検されたという事実が読み取れます。

言うまでもなく、こうした事実を公表されることには会社にとって大きなダメージです。実際には、新聞やテレビなどで報道されることも少なくありませんので、こちらで取引先や顧客などに知れ渡ってしまう恐れがあります。また前述したとおり、悪質な事案の場合には、懲役の判決を受けることにもなりかねないのですから、労務管理や安全衛生管理には十分に気を遣うべきであることは言うまでもありません。

今年の労働行政調査のトレンドは、これを見ればわかる

前述したように、定期監督は監督署ごとに年間で実施計画を立て、それに従って各監督官が実施していきます。

事業場を監督するとき、監督官は基本的にトータルな確認を行いますが、監督対象となった項目により、重点的にチェックする内容が違っています。しかし、何を重点的にチェックするかについて、事前に明らかにされることはありません。

それでも、おおよその傾向をつかむことは可能です。定期監督の項目でもお話ししましたが、厚生労働省が公表している直近の『地方労働行政運営方針』を見れば、おおよそのトレンドをつかむことができます。例えば、『令和2年度 地方労働行政運営方針』には次のように書かれています。少々長くなりますが転載します。

【令和2年 地方労働行政運営方針】

1 新型コロナウイルス感染症拡大に対する対応

昨年度から感染が拡大している新型コロナウイルス感染症に対応するため、特別相談窓口において、労働者及び事業主からの休業や助成金等に関する相談に迅速かつ円滑に対応するとともに、特例措置を大幅に拡大した雇用調整助成金、さらに小学校等対応助成金・支援金、時間外労働等改善助成金による支援等きめ細やかな対応に努める。

2 働き方改革による労働環境の整備、生産性向上の推進

(1)働き方改革による労働環境の整備、生産性向上の推進等

働き方改革に取り組む中小企業・小規模事業者等に対して、長時間労働の是正を始めとする労働者が健康で安全に働くことができる職場環境の整備等、雇用形態に関わらない公平な待遇の確保、柔軟な働き方がしやすい環境整備等、治療と仕事の両立支援、生産性の向上等、様々な視点から労働環境の整備、及び生産性の向上に向けた各種取組を実施する。

(2) 雇用形態に関わらない公正な待遇の確保

雇用形態に関わらない公正な待遇の確保が盛り込まれた、働き方改革関連法による改正後の短時間労働者及び有期雇用労働者の雇用管理の改善等に関する法律、労働者派遣事業の適正な運営の確保及び派遣労働者の保護等に関する法律について、令和2年4月から施行されることを踏まえ、報告徴収等により、適正な履行確保を行う。また、働き方改革推進支援センターやキャリアアップ助成金の活用等により、事業主への支援を行う。

(3) 総合的なハラスメント対策の推進

改正労働施策総合推進法等に基づき、新たに事業主に義務づけられたパワーハラスメント防止のための雇用管理上の義務措置（※）やセクシュアルハラスメント等の防止対策の強化が、令和2年6月1日より施行されることから、改正法や指針の内容の周知徹底を図る等、職場におけるハラスメント対策を総合的に推進する（※中小事業主におけるパワーハラスメント防止のための雇用管理上の措置義務は、令和4年3月31日まで努力義務）。

さらに、中小企業については、令和4年4月1日の施行日までに準備が間に合うよう、改正法や指針の内容の周知や、個別企業へのコンサルティング等の支援事業の周知を行う。

3 就職氷河期世代、女性、高齢者等の多様な人材の活躍促進、人材投資の強化

(1) 就職氷河期世代支援プログラムに基づく施策の推進等

就職氷河期世代の不安定な就労状態にある方一人ひとりが置かれている複雑な課題・状況に対応するため、ハローワークに就職氷河期世代専門窓口を設置する。また、官民が協働して就職氷河期世代等の支援に社会全体で取り組む機運を醸成し、支援の実効性を高めるため、全都道府県において、関係者で構成する就職氷河期世代活躍支援都道府県プラットフォームを設置し、地方自治体、関係機関・団体等と連携し、取組を進める。

(2) 女性活躍の推進

改正女性活躍推進法について、常用労働者数301人以上の企業を対象に、行動計画の策定に関する事項が令和2年4月1日より、情報公表に関する事項が令和2年6月1日より施行されることから、労働局内各部や関係機関と連携し、働き方改革の推進のための啓発の機会などあらゆる機会を通じて、周知徹底を図る。また、併せて今般創設された女性活躍の取組が特に優良な企業に対するプラチナえるぼし認定制度についても周知し、企業の取組促進を図る。さらに、令和4年4月1日より常用労働者数101人以

上300人以下の企業については、行動計画の策定や情報公表等が新たに義務づけられることとなるため、労働局における周知や、両立支援等助成金（女性活躍加速化コース）等の活用を促すことにより、女性活躍の取組の促進を図る。

なお、この地方労働行政運営方針を踏まえて、各都道府県労働局が、それぞれの地域の事情に即した重点課題と対策等を盛り込んだ行政運営方針を策定することになります。この運営方針は公表されており、インターネットで検索することも可能です。これを読めば、自社の地域を管轄する労働基準監督署がおおよそどういうことを主眼においているかが見えてくるでしょう。

労働基準監督署・定期監督のキーワードは「講ずべき措置」

定期監督のトレンドをより詳しく知りたい場合は、「監督指導業務運営にあたって留意すべき事項について」の情報を探すといいでしょう。

これは、前述の定期監督の項目でも説明しましたが、厚生労働省労働基準局長が各都道府県労働局長へ毎年通知しているもので、どのように監督指導計画を組み立てるのかを示す文書になっていません。公表はされていませんが、情報開示請求によって文書を開示することができます。その内容が経済誌などで取り上げられることもありますし、インターネットで検索するといくつか例が出てきます。

実際には、これも前述しましたが、各労働基準局長が、管下の監督署長あてに局内留意通達を出しており、ここに各労働局の具体的な監督指導計画の重点事項が盛り込まれています。こちらの文書を開示したというようなデータは出ておりませんので、開示請求を行った人が少ないのかもしれません。

開示には、請求書に貼付する手数料と、実際に渡される文書1枚ごとに手数料がかかりますので、膨大な資料などの場合には多額の費用が掛かることもあります。請求手数料は、執筆時点では1件につき300円、開示された文書の写しの交付費用が1枚20円になっています（私が情報開示の窓口で手続きを行っていた十数年前と変わっていません）。実際に開示されるまでには、2カ月近くかかることがあります。

また、厚生労働省のホームページを開き、「講ずるべき措置」と入力すると、個別に案件に関する情報が出てきます。

例えば左図は、「労働時間の適正な把握のために使用者が講ずべき措置に関するガイドライン」という会社向けの情報ですが、そもそもこうしたガイドラインを作成するという

（事業主のみなさまへ）

労働時間の適正な把握のために使用者が講ずべき措置に関するガイドライン

平成29年1月20日、労働時間の適正な把握のための使用者向けの新たなガイドラインを策定しました。

ガイドラインの主なポイント

○　使用者には労働時間を適正に把握する責務があること

［労働時間の考え方］

○　労働時間とは使用者の指揮命令下に置かれている時間であり、使用者の明示又は黙示の指示により労働者が業務に従事する時間は労働時間に当たること
○　例えば、参加することが業務上義務づけられている研修・教育訓練の受講や、使用者の指示により業務に必要な学習等を行っていた時間は労働時間に該当すること

［労働時間の適正な把握のために使用者が講ずべき措置］

○　使用者は、労働者の労働日ごとの始業・終業時刻を確認し、適正に記録すること
（1）原則的な方法
・使用者が、自ら現認することにより確認すること
・タイムカード、ICカード、パソコンの使用時間の記録等の客観的な記録を基礎として確認し、適正に記録すること
（2）やむを得ず自己申告制で労働時間を把握する場合
①　自己申告を行う労働者や、労働時間を管理する者に対しても自己申告制の適正な運用等ガイドラインに基づく措置等について、十分な説明を行うこと
②　自己申告により把握した労働時間と、入退場記録やパソコンの使用時間等から把握した在社時間との間に著しい乖離がある場合には実態調査を実施し、所要の労働時間の補正をすること
③　使用者は労働者が自己申告できる時間数の上限を設ける等適正な自己申告を阻害する措置を設けてはならないこと。さらに36協定の延長することができる時間数を超えて労働しているにもかかわらず、記録上これを守っているようにすることが、労働者等において慣習的に行われていないか確認すること

○　賃金台帳の適正な調製
使用者は、労働者ごとに、労働日数、労働時間数、休日労働時間数、時間外労働時間数、深夜労働時間数といった事項を適正に記入しなければならないこと

厚生労働省・都道府県労働局・労働基準監督署

出典：厚生労働省HP

ことは、裏を返せば、労働基準監督官に「そこを重点的に調査せよ」と言っていることを意味しています。

そのほかにも、「労働者の心身の状態に関する情報の適正な取扱いのために事業者が講ずべき措置に関する指針」「職場におけるパワーハラスメントに関して雇用管理上講ずべき措置」「賃金不払残業の解消を図るために講ずべき措置等に関する指針」など、様々な情報を発していますから、それをチェックしておくことが大切です。

ちなみに、2020年度における重点項目としては、新型コロナの流行を受けて、次のようなものが重点項目に上がっています。

①長時間労働の是正

・自動車運送業、建設業における勤務環境の改善
・勤務間インターバル制度の導入促進
・長時間労働の是正に向けた監督指導体制の強化
・年次有給休暇の取得促進等による休み方改革の推進

②労働条件の確保・改善対策

・法定労働条件の確保対策
・若者の「使い捨て」が疑われる企業等への取り組み

・特定分野における対策（外国人労働者、自動車運転者、障がい者）
・最低賃金の適切な運営
・「労災かくし」の排除に係る対策の一層の推進
③労働者が安全で健康に働くことができる環境の整備

あなたの会社は狙われているのか？　監督署はこんな事業場へ調査に行く

労働基準監督署では、留意通達のもとに、各年度末には、重点対象ごとに監督の対象となる事業場を選定し、新年度になって、新しいメンバーによってその計画に沿って監督指導を進めていくことになります。

計画策定の際には、例えば「過重労働・長時間労働」を主眼とする監督なら、「過去、過労死等があった事業場や脳心臓疾患の請求が多く上がった事業場」「36協定で特別条項が設けてあり、80時間以上勤務可能な事業場」、あるいは「過去、長時間労働の問題があって、繰り返す恐れのある事業場」がターゲットとなります。

また労働条件整備を主眼とする監督なら、「就業規則を長年変更していない事業場」「監督歴のない事業場」「自主点検を提出していない事業場や、その内容に問題のある事業場」

に、より厳しい目が向けられることになります。

過労死等防止対策推進法が施行された2014年以降、毎年11月を「過労死等防止啓発月間」とし、過重労働解消キャンペーンを実施しています。この時期に監督の対象となる事業場は、長時間労働の疑いのある情報などがもたらされた事業場であり、長時間労働や過重労働対策、残業代の支払い状況などを重点的に調査することになります。11月に監督指導を受けた事業場は、監督署内でブラック企業のフラグを立てられているかもしれません。

元労働基準監督官の本音

私が東京都内の監督署にいたときのことですが、某鉄道会社の貨物線で作業員5人が臨時の貨物列車にはねられて亡くなるという事故がありました。

1999年2月21日0時14分頃、信号保安装置の修繕工事を請負った会社の保線作業員9名が線路内に立ち入り、トロッコで資材運搬を行っていたところに、臨時回送列車がやってきて事故が起きたのです。この事故の原因として挙げられたのは次のようなものでした。

①請負会社の工事指揮者（現場監督A）が現場に到着するのが遅れて慌てていたことに加え、最終列車が通過した以降には列車が運転されないと思い込み、当日の列車運転状況を確認しないまま、信号通信指令室に工事開始の連絡をした。
②Aは、工事前に安全打ち合せをしないまま、作業員に線路内への立ち入りを指示した。
③Aは、列車見張員に臨時列車の記載された当日の列車ダイヤを渡さず、なおかつ見張り位置を指示しなかった。
④警備保障会社の列車見張員は経験が浅く、列車の接近方向とは反対側を向いていた。
⑤鉄道会社は、工事の請負契約における施主かつ設計者であるとともに、該当区間の運行事業者でもあったにもかかわらず、自社の社員を立ち合わせていなかった。

この事件後、その鉄道会社は「安全管理を請負会社任せにしていた」として非難されることとなりましたが、最後の最後に警視庁が逮捕したのは、工事請負会社の工事指揮者と警備保障会社の列車見張員でした。罪状は業務上過失致死の疑い……。そしてその後の裁判で、工事指揮者は禁錮2年6カ月の実刑（執行猶予なし）判決を言い渡されました。

通常、こうした労災事故の際、警察は「業務上過失死傷事件」として、労働基準監督署は「労働安全衛生法違反被疑事件」として捜査することになりますが、この事件の場合、監督署が先に捜査を終えて送検しようとした矢先に、担当検事にしばらく待つよう言われました。

一般に、労災事故の場合には監督署のほうの捜査が早く、警察は検事からせっつかれて送検するようなケースが多いものです。警察で「業務上過失致傷」を担当するのは、殺人や強盗などの「強行犯」を担当する部署が行いますが、労災事故に関しては知識が浅く、労働基準監督署に、安衛法（労働安全衛生法）上の規定などを照会したり、事故の問題点などを問い合わせたりすることはよくあることです。そのときは、「なぜ待たされるんだろうな」と思っていましたが、ある日、警察が被疑者逮捕に踏み切り、大々的に報道され、その日のうちに、「明日以降に送検してよい」という連絡を受けました。

いったいどんな経緯があったのか……。後日、わかりました。

通常、労災関係の事案は東京地検の公安部が担当するのですが、たまたま事件が起きたときにいち早く現場に行った地検刑事部の検事がいて、その件に関しては刑事部が取り仕切ることになったようです。そして地検刑事部が主導する形で、警視庁捜査第一課が捜査を行い、結局そこが逮捕して大々的に発表したのです。東京地検刑事部と、警視庁の捜査第一課とは普段から捜査の指揮や相談などを行う関係にありますから、警察に花を持たせたということだったのかもしれません。

もちろん、労働基準監督署と警察、検察は反目し合ってあるわけではありません。労災がらみの事案ではどちらかといえば協力を求められることがよくあります。

しかし、警察が犯人を逮捕し、起訴することを最大の目標としているのに対して、労働基準監督署は、処罰より、改善させることを目指しています。「労働者が働きやすい環境を作る」というのが究極の目的だからです。厳しい罰則を適用させるより、まず労働環境を改善してもらうために動いているのです。そういう部分では、警察とは別の視点を持っていると言えるでしょう。

第二章

労働基準監督署に相談すべきこと、すべきでないこと

執筆担当：原労務安全衛生管理コンサルタント事務所

労働基準監督署の相談窓口では何ができる?

厚生労働省は、人事労務管理の個別化や雇用形態の多様化などに伴い、労働関係についての個々の労働者と会社との間のトラブルが多くなっていることを踏まえ、監督署に労働局の出先の窓口として「総合労働相談コーナー」を設けています。

これは、職場のトラブルに関する相談や、解決のための情報提供をワンストップで行うことを目的に、各都道府県労働局の雇用環境・均等部（室）や、全国の監督署に設置されている相談窓口です。

監督署自身も当然相談窓口になるのですが、担当することと処理できないことがあります。それぞれが受付する相談内容をおおまかに分けると、次のとおりです。

【労働基準監督署で受け付ける相談内容】

・会社が、自社の賃金計算・労働時間の集計方法等が法令違反に該当しないか相談すること
・会社が、社員を解雇する際に、労働基準法違反に該当しないか相談すること
・労働者が、会社の賃金計算・労働時間の集計方法等が、法令違反に該当しているか相談

することと
・労働者が、会社に解雇された場合に、その解雇が法令違反に該当しているか相談すること
・会社や労働者が、業務中などに事故が発生した場合、労災に該当するか相談すること
・会社や労働者が、労災保険に関する各種内容について相談すること　等

【総合労働相談コーナーで受け付ける相談内容】

・会社や労働者が、労働基準関係法令に直接違反しないような労働条件変更、解雇、パワハラやセクハラなどに関して相談すること
・会社や労働者が、労働問題について相談したいが、どの分野に該当するかわからない場合　等

労働基準監督署は、労働基準法をはじめとした各種労働法令に違反はないかなど、法律を基準に相談対応するのに対し、総合労働相談コーナーではそれに加え、直接法違反には該当しない労務トラブルも含めて相談対応するという違いがあります。なお、監督署と総合労働相談コーナーともに、会社と労働者の両方からの相談を受け付けており、令和元年度に総合労働相談コーナーに寄せられた相談件数約119万件のうち、約3割は会社から

の相談になります。
総合労働相談コーナーに相談してもトラブルが解決しない場合は、都道府県労働局長による助言・指導の申出を行うことや、紛争調整委員会によるあっせんを申請することもできます。

【都道府県労働局長による助言・指導とは？】

「都道府県労働局長による助言・指導」とは、民事上の個別労働紛争について、都道府県労働局長が、紛争当事者に対し、その問題点を指摘し、解決の方向を示すことにより、紛争当事者の自主的な紛争解決を促進する制度です。
この制度は、法違反の是正を図るために行われる行政指導とは異なり、あくまで紛争当事者に対して、話し合いによる解決を促すものであって、なんらかの措置を強制するものではありません。
なお、法違反の事実がある場合には、法令に基づいて、指導権限を持つ機関が、それぞれ行政指導などを実施することになります。

【紛争調整委員会によるあっせんとは？】

「紛争調整委員会」とは、弁護士、大学教授、社会保険労務士などの労働問題の専門家により組織された委員会であり、都道府県労働局ごとに設置されています。この紛争調整委員会の委員の中から指名されるあっせん委員が、紛争解決に向けてあっせんを実施します。

なお、令和元年度の、総合労働相談コーナーへの相談のうち、助言・指導の申出があった件数は約1万件、あっせんの件数は約５１００件でした。

ちなみに、総合労働相談コーナーに寄せられた相談のうち、いじめ・いやがらせ、自己都合退職、解雇などの民事上の個別労働紛争に関する相談件数ですが、過去10年の推移を見ますと、毎年26万件前後で横ばいです。

一方で、その内訳を見ると、「いじめ・嫌がらせ」に関する相談が突出して多く、かつ「いじめ・嫌がらせ」に関する相談のみ毎年増加傾向にあります（71ページ表参照）。

労働基準監督署は民事上の紛争解決までは行えない

労使間で民事上の紛争が生じた場合、労働基準監督署は原則として個々の交渉にかかわることはありません。何故なら、労働基準監督署は民事不介入だからです。もっと言うと、刑事上の取り締まりを行う立場であることから、双方の調停などできないということにな

個別労働紛争解決制度の枠組み

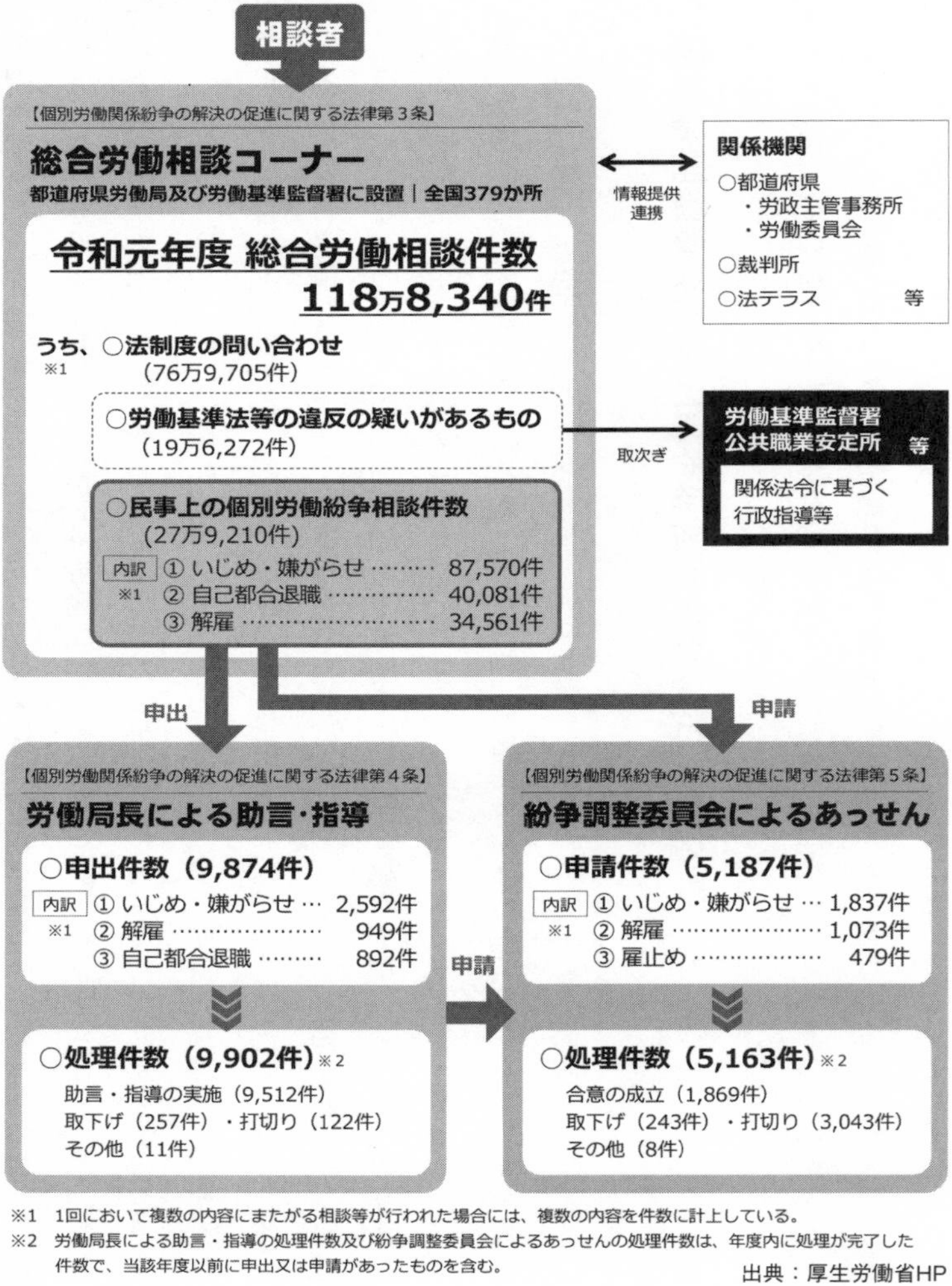

※1　1回において複数の内容にまたがる相談等が行われた場合には、複数の内容を件数に計上している。
※2　労働局長による助言・指導の処理件数及び紛争調整委員会によるあっせんの処理件数は、年度内に処理が完了した件数で、当該年度以前に申出又は申請があったものを含む。

出典：厚生労働省HP

民事上の個別労働紛争／主な相談内容別の件数数位（10年間）

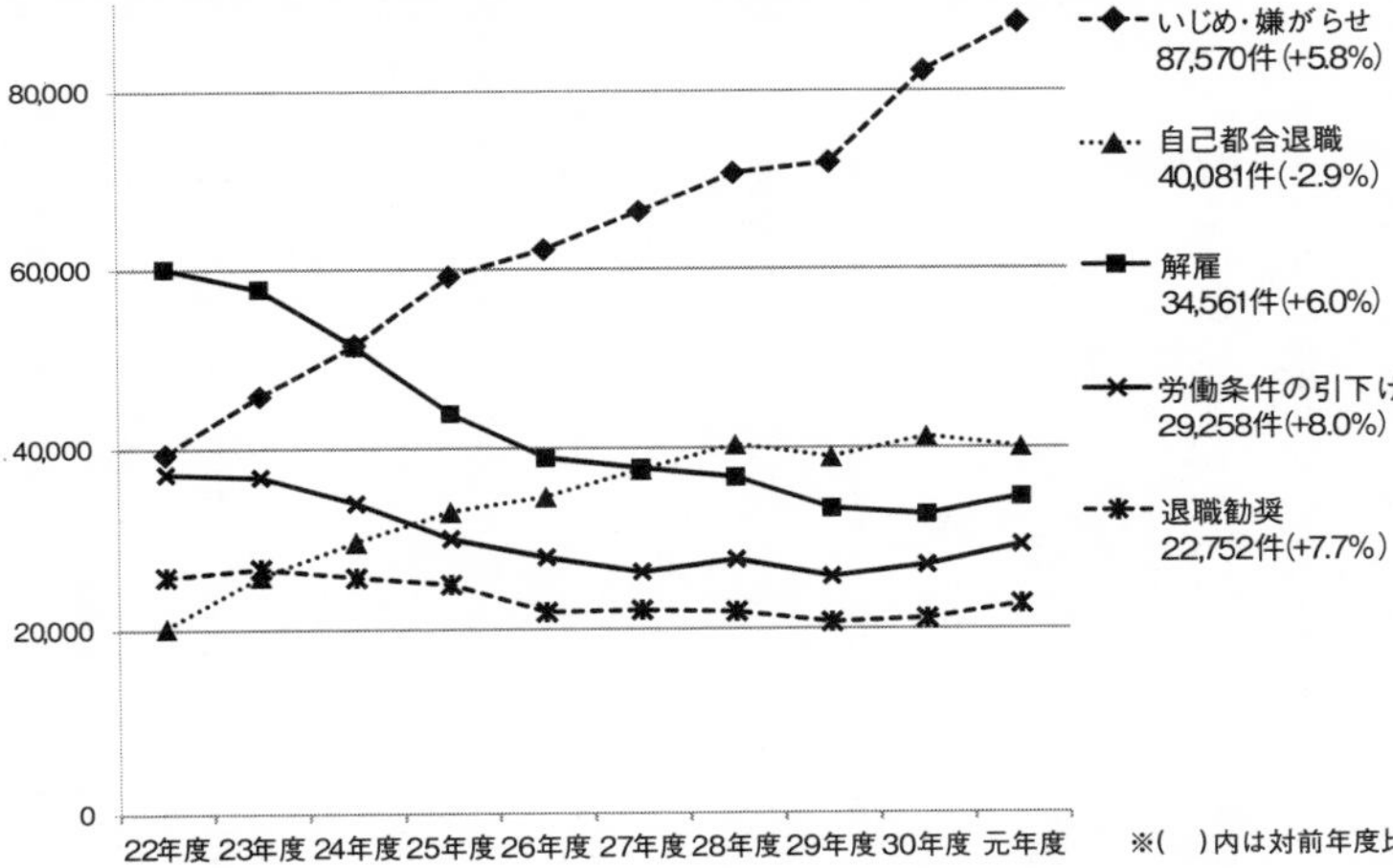

※(　)内は対前年度比。

ります。

では、その場合どうすればよいでしょうか？　その場合は、「紛争調整委員会によるあっせん」につないでもらいましょう。

この制度を利用したい人が、都道府県労働局雇用環境均等部（室）、あるいは最寄りの監督署の相談コーナーに「あっせん申請書」を提出すると、必要に応じて紛争当事者双方の主張を確認、参考人から事情聴取するなどして紛争にかかわる事実関係を明確にしたうえで、都道府県労働局長が紛争調整委員会にあっせんするか否かを決定します。

そして、あっせん開始の通知を受けた被申請者があっせん手続きに参加する意思を示してはじめて、紛争調整委員会によるあっせんが開始されることになっています。

ただ、あっせんが始まる前に、明らかな労働基準法違反などの問題が残っていたら、そちらを先に処理しないと進めないことになっています。これらの法令は、刑事罰を持っており、民事上解決したからといって、刑罰を科されないということにはならないため、結局紛争が残ってしまうからということです。そのため、労働者から監督署へいったん労働基準法違反があると申立てをしてもらい、監督署が処理をする申告処理を進めてもらい、それが終わった時点からあっせん等が開始されることになるのです。

この紛争調整委員会によるあっせんは、「裁判外紛争解決手続」(ADR：Alternative Dispute Resolution)と呼ばれる、文字どおり「裁判によらない紛争解決方法」で、「①非公開で行なわれるので、企業イメージのダウンを回避し、お互いのプライバシーを守れる」、「②1～3回の話し合いで解決でき、短期間で解決できる」「③あっせん案が合意に達した場合、受諾されたあっせん案は民法上の和解契約の効力をもつ」などのメリットがあります。

ただし、この制度を使った解決率は30％程度とそれほど高くありません。そもそも話し合いのテーブルに乗らないケースも多く、感情的な部分で許せないという気持ちが働くのでしょう。そして、あっせん案の合意に至らなかった場合は打ち切りとなり、労働審判や裁判に訴えるなどの別の手段での解決を図らなければならないこととなります。

これだけは外すな！　事業主が監督署に相談すべきこととは何か？

労使間で紛争が生じた場合、労働基準監督署は原則として個々の交渉にかかわることはないと書きましたが、逆に会社が監督署に相談すべきことは、どのようなものがあるでしょうか。例えば、現在の就業規則の内容が法令上問題など生じていないかとか、労働安全衛生法に規定されている有機溶剤に関する取扱いや作業環境測定に関することが挙げられます。他には、労災事故の扱いに関する相談や、現場の安全管理に関して確認をしてもらうこと、現場の安全管理について元請ともめているといった問題がある場合なども挙げられます。このようなケースでは、積極的に労働基準監督署に相談すべきでしょう。

監督署に行けば何でも解決するんじゃないかという期待を持って行ってしまうと、「担当が違う」など言われて行かなきゃよかったと思ってしまうかもしれません。

逆に方向性がわからず、とりあえず監督署にでも行ってみようかと気軽に行ってみると、案外担当者によっては民事上の方向性まで示してくれる職員もいるかもしれません。気軽にダメもとで相談しても構いません。明らかに労基法違反だという内容でない限り、監督署は決して近寄り難いところではありません。

労働者から「社長、未払い残業代を払ってください！」と申し出があったら

過去の未払い残業代を請求される場面もいくつかパターンがあり、直接不平不満として出されるパターンと、弁護士等を通じて内容証明で出されるパターンがあります。直接労働者側から申し出があった場合、監督署に相談に行くことを検討すべきです。

実際労働者から残業代を請求されて、まったく問題ない場合ならいざ知らず、仮に会社に多少の落ち度がある場合なら、支払いを免れることはできません。

このような場合、両者の言い分が整わないとどうしてもトラブルが大きくなりがちです。しかし、そこで監督署に相談し、申告処理のような形で会社と労働者の仲介役として監督官に入ってもらうことで、スムーズな解決が期待できます。

また解決する際に、「債権債務不存在の確認書」などの作成の協力を仰ぐことで後々の民事的問題を避け、残業代不払いで監督署による刑事告発を避ける狙いもあります。

労働者側の弁護士等から未払い残業代の内容証明が届いた場合の対応策は

直接労働者本人が指定する弁護士を通じて内容証明が届いた場合、労働基準監督署へ相談しても、基本的に賃金の未払いは労働基準法違反であり、そうした事案を厳しく見ている労働基準監督署にしてみれば、「支払ってください」というしかありません。

中には、「ほんとうに払うお金がない。どうすればいいんだ」という経営者もいますが、働かせた以上、立場的にも払うしかありませんとしか申し上げられません。「払えない状況があるのであれば、それを真摯に説明しなさい」とか、「計画を立てて、定期的に支払ってはどうですか」という説明に留まる程度です。

また、監督署は、会社側と労働者側の弁護士の間を取り持つことはありません。内容証明が手元に届いたなら、会社側の弁護士に相談しながら進めることが賢明な判断でしょう。

元労働基準監督官の本音

未払い残業に関しては、申告処理で行うケースと、投書などの情報に基づく監督で行うケースがありました。今でこそ、労働時間の客観的把握に関して、労働安全衛生法に明記されていますが、以前は直接的な条文がありませんでした。

タイムカードやICレコーダーなどで管理された事業場では、直接的に計算を行って差額を出せばよかったのですが、労働時間の管理そのものがまともに行われていない事業場も少なくありませんでした。そういう事業場では、警備記録を出してもらったり、パソコンなどの端末のログを確認して立ち上げの時間など確認したりして調べるしかありませんでした。また端末を使っていないものについて、調べるのに苦労したこともありましたが、例えば病院の引継ぎ書類の記載事項だったり、金融機関の金庫の管理簿だったり、ファミリーレストランの注文伝票の時間だったり、様々なものを駆使しながら時間を割り出すしかありませんでした。

ある会社は、投書などで長時間労働があるのは間違いない状況だったのですが、フレックスタイム制を採用しており、労働時間の管理は自己申告制で、書面上で確認できる資料は社員が自己申告で鉛筆書きした書面のみ。それに加えてパソコンの端末も不特定多数の人物が使用していたため、それで労働時間を確認するのは困難であると思われる状況でした。

ところが、思わぬところで労働時間を確認できる資料が見つかりました。その会社では、機密の業務を行うということで室内に入るのにセキュリティを掛けており、出入りするたびにIDカードを示して、出入り口のドアを開け閉めしていたのです。私が訪問したときにはドアが解放されていたために気がつかなかったのですが、引き上げようとしたときに、ドアを開けようとしても開かず、セキュリティがあることに気がつきました。

そこでセキュリティの記録を調べると、トイレに立った際の記録まで残っており、離席時間が長いと指導までしていたようです。結局、その記録が長時間労働を裏づけることになりました。ひょっとしたら、私が気づくように、労働者がわざとドアを閉じたのかもしれませんが、その会社が多額の残業代を支払うことになったことは言うまでもありません。

過重労働撲滅特別対策班、通称「かとく」の中身とは

1991年8月、大手広告代理店の男性社員が自殺した事件で、遺族側は「会社に強いられた長時間労働によってうつ病を発生したことが原因である」として、会社に対して損害賠償請求を起こしましたが、この裁判は過労に対する安全配慮義務を求めた最初の事例として注目されることとなりました。

その裁判の結果、労働者の長時間労働について、使用者である会社に安全配慮義務違反

があったことや、上司から革靴の中に注がれたビールを飲むよう強要されたり、靴のかかとで叩かれるなどのパワーハラスメントの事実があったことも認定され、２０００年、会社が遺族に1億６８００万円の賠償金を支払うことで結審しました。

この事件をはじめ、世間で長時間労働が問題になったことで、悪質な長時間労働を行う会社に対して監督指導を行う「過重労働撲滅特別対策班（通称「かとく」）」が２０１５年４月に新設され、東京労働局と大阪労働局の２か所に設置されました。なお、悪質な会社はパソコン等に保存された勤怠データを改ざんする可能性もありますので、パソコン内部のデータを収集分析する技術も拡充し、監督指導を強化することになりました。

しかしその後の２０１５年12月、同じ会社の女性新入社員が再び過重労働で自殺します。これに対して、三田労働基準監督署は２０１６年９月、長時間労働によりうつ病を発症したのが自殺の原因だと判断して、労働災害（労災）を認定しました。

さらに同年10月には東京労働局過重労働撲滅特別対策班が臨検監督を実施。その結果、過去にも複数回にわたって是正勧告（行政指導）を受けていたにもかかわらず、時間外労働が全社的に常態化していた疑いが強まったとして強制捜査に踏み切り、12月には同社および自殺した女性社員の当時の上司を、労働基準法違反の疑いで東京地方検察庁に書類送検、同日、同社社長は引責辞任することを発表。２０１７年10月には東京簡易裁判所が求刑どおりの罰金50万円の判決を下しました。

パワハラが社会問題化。法律の中身と社長が押さえておくべきポイントは

総合労働相談コーナーに寄せられた相談のうち、「いじめ・嫌がらせ」に関する相談が突出して多く、かつ「いじめ・嫌がらせ」に関する相談のみがここ数年、毎年増加傾向にあることは前述しましたが、２０１８年には、福岡県の運送会社のパワハラ問題が表面化して大きな話題になりました。

同社で運転手として働いていた男性が、社長にバリカンで頭を丸刈りにされたり、頭を車用の洗剤とタイヤ用のスポンジで洗われたり、高圧洗浄機の水を浴びせられたりしている写真が、同社のブログで公開されたのです。事件があったのは２０１２～２０１４年のかけてのことでしたが、耐えかねた男性社員は会社を辞め、訴訟を起こしました。

それをマスコミが取り上げたことで、この会社は全国に知られることとなったのですが、福岡地裁は会社のパワハラを認定、２０１８年9月に約１５００万円の支払いを命じる判決を下しました。さらに、同社は「毎月少なくとも１００～２００時間程度の時間外労働があったが、残業代は支払われていなかった」として元社員5人から未払い賃金の支払い

を求める訴訟を起こされました。それに対して「運転手の給与は運行実績に基づく出来高払い制だった」と反論しましたが、福岡地裁は2018年11月に、「時間外労働があった」と認定、会社に未払いの賃金として約7000万円、労働基準法違反の制裁金として約5000万円の支払いを命じました。社長も、まさかそんなおおごとになるとは思ってもいなかったことでしょう。

このようにパワハラに対する社会の目が厳しくなる中、2019年5月には、「労働施策の総合的な推進並びに労働者の雇用の安定及び職業生活の充実等に関する法律」(略称：労働施策総合推進法)で職場におけるパワハラ対策が事業主の義務となり、「パワハラ防止法」とも呼ばれ、2020年6月(中小企業は2022年4月)から施行されることとなりました。それまであいまいだったパワハラの定義も法律的に規定されたわけです。

社内でパワハラ発生！　このとき監督署で相談、解決できるのか？

パワーハラスメントは、職場内の優位な立場を利用して、言葉や暴力で相手を威圧する行為になります。ただ、このハラスメントが曲者です。行為を行ったとする加害者が、どういうつもりでその行為を行ったかということではなく、被害者とされる人物がその行為をどう受け止めたのかが問題になるかならないかを決めることになるからです。

そのため、どのように対策を立てたとしても、完全にセクハラやパワハラなどのハラスメントを防止するのは困難です。

一般的に、「常日頃から、管理者等に繰り返し研修を行い、理解を深めさせるとともに、一般の労働者にはトラブルが生じた際に申し出ることができ、社内で速やかに解決を図れるように窓口を作り、そこに相談するよう周知させておく必要があります。そうすることで、煙が出た時点で燃え広がる前に消火する仕組みができ上がります」などといったアドバイスに留まるでしょう。また、こういう相談に、監督署が対応できるのかというと、やや難しい……。結局は「総合労働相談コーナー」に委ねることになる可能性が高いでしょう。パワハラ対策は、日ごろの労務管理体制の整備の問題です。そういう意味では、〝十分な知識〟を持った社労士などに相談するほうが効果的です。

SNSが普及した今、社内外のトラブルは漏れることを想定せよ！

それにしても、こうした紛争は会社の中で解決したほうがいいことは言うまでもありません。話が外に出たときどう転がるかわからないからです。

いろいろなパターンがありますが、最近ではＳＮＳの普及や労働者の意識の変化等により、社内と世間の垣根が低くなっています。そして、ひとたび社外に話が出れば、瞬く間に世間に広がるリスクもあります。

広がってしまってから、「何で会社に相談してくれなかったんだ」「労働者の声を丁寧に聞いておけばこんなことにはならなかったのに」と悔やんでも後の祭りです。それにより、企業イメージが低下し、社内の雰囲気が悪化、離職、採用難、就業環境も悪くなるなど負のスパイラルに陥る恐れもあります。取引先への影響も懸念されるでしょう。

また、そうした情報を元に監督署の調査がおこなわれるかも知れませんし、労働者側に支援団体がついたら、その団体の性格にもよりますが、場合によっては、取引先まで行ってビラを配るなど攻撃的に出てくる可能性もあります。あるいは、監督署への告発をちらつかせたり、あるいは弁護士を立てて民事裁判を起こしたりしてくることもあります。

そうなると、それらの対応に時間を取られるばかりでなく、弁護士費用などもかさみますし、慰謝料や未払金に加え、解決金や付加金なども求められて、出費も大きくなるばかりです。そうしたことを防ぐためにも、まずは問題を発生させないこと、問題が起きても会社内でうまくおさめることが大切であることは言うまでもないでしょう。

まして、今は新型コロナの影響で雇用状況も悪化し、多くの人が「俺たちの生活はどうなるんだ」と強い危機感を持っています。そんな中、働く人たちが不満を抱えて辞めてしまえば、会社自体が回らなくなります。自分の会社の社員たちに目を向け、よりよい労働環境を作っていくことが、これまで以上に重要になっているのではないでしょうか。

労務トラブルの解決遅れが社員定着率に影響を与える

労使間の問題は、何かちょっとしたもめごとでもなおざりにしていてはいけません。たいしたことはないとたかをくくっていると、「自分もそんな目にあった」など次々に手を挙げる人が出てきて、会社全体に波及していくものです。文句を言う人だけの問題だと軽く考えたり、なんとか言いくるめて問題に蓋をしてしまおうなどと考えたりしているうちに問題が大きくなってしまうのです。表に出てくるのは氷山の一角。たまたま声を上げたのが1人であって、実際は他の労働者も同じように不満を抱いていたということがあるのが、労務トラブルの特徴です。

そうした事態に陥らないためには、仮に社内でトラブルが発生した場合には、なぜそうなったのかをしっかりと見直し、今後、どうしていけばいいのかを十分に考える必要があります。例えば、労働基準監督署の窓口（総合労働相談コーナーなど）に相談するのも1つの手かもしれません。そのとき、どんな問題であれ、社員からの訴えがあったことやその内容を正直に話すことです。労働基準監督署は、労働基準法違反があった場合、それを是正させることを第一の目的としていますから、問題があれば「そもそもここに問題があるから、こう改善すべきだ」と厳しく指摘します。しかし、問題点をきちんと改善すれば、その後、処罰される可能性は少なくなります。

もちろん、労働基準監督署は基本的に法的な問題点を指摘し、それを是正することを求めるだけで、交渉自体は対象の労働者等と個別にするしかありませんが、問題解決に前向きな姿勢を示すことで、相手も歩み寄る姿勢を見せてくれるかもしれません。仮にすでに相手が労働基準監督署に訴え、労働基準監督署が調査に入ろうとしていた場合などでも、対象の労働者等が「今、話し合っています」とか「まだ処罰しないでほしい」ということになれば、調査を見送る可能性もあります。

問題のある社員をクビにしたいので、解雇予告（手当）の免除を依頼したい

経営者や人事担当者にとって、労働者の解雇は最も頭を悩ます問題の1つでしょう。一般に解雇の形態としては、「懲戒解雇」「普通解雇」「整理解雇」などがありますが、いずれの

場合も「客観的に合理的な理由を欠き、社会通念上相当であると認められない場合は、その権利を濫用したものとして、無効とする」（労働契約法16条）と定められており、一方的な雇用主の都合や不合理な理由による解雇は認められません。

また、仮に解雇するにしても、労働者に対して少なくとも解雇日の30日以上前に解雇予告をするか、解雇予告なしで解雇を行なう場合には、30日分以上の平均賃金を支払わなければならないと義務づけられています。それが「解雇予告手当」です。ですから「解雇予告手当を払えば解雇できるんでしょ」というのは大きな誤解で、まず前提として前述のような要件を満たしていなければ、いくら解雇予告手当を払ったとしても解雇は無効となってしまう可能性があることを知っておかなければなりません。

その一方で、解雇の中でも、解雇予告なし、または解雇予告手当を払わなくてもいいケースがあります。①「天災事変その他やむを得ない事由のために事業の継続が不可能となったことによる解雇」と、②「労働者の責に帰すべき事由に基づく解雇（いわゆる「懲戒解雇」）」です。このような場合には解雇予告を行わず、また予告手当を支払わなくても、刑罰を免責されるという制度になります。

とはいえ、それが「天変地異その他やむを得ない事由があったから、あるいは懲戒解雇だから無条件で解雇していい」ということを意味しているわけではありません。

あくまでも、労働基準監督署が「客観的合理的な理由」と「社会通念上の相当性」があると認定した場合に認められる制度であり、例えば天変地異、その他のやむを得ない事由といっても、「事業の経営者として必要な措置を講じても改善できない状況にある場合」などとされていますし、役員報酬削減・新規採用の中止など、倒産を避けるための企業努力をしたか、解雇対象者の選定が公平で合理的に行われたか、あるいは整理解雇を実施するにあたり、社員が納得するまで説明や話し合いをしたかなどが、厳しく問われることとなります。

監督署が認める懲戒解雇の事由とは?

それは懲戒解雇の場合も同様です。②の「労働者の責に帰すべき事由に基づく解雇」でいう、「労働者の責に帰すべき事由」について、労働基準監督署は、「解雇予告制度の保護を与える必要のない程度に重大、または、悪質なものである場合に限って認定すべき」としており、軽微な事由と判断した場合、認定してくれません。

具体的には、行政通達(昭和23・11・11基発第1637号、昭和31・3・1基発第111号)で次のようなケースを例示しています。

①事業場内における盗取、横領、傷害等刑法犯に該当する行為のあった場合
②賭博、風紀紊乱《びんらん》等により職場規律を乱し、他の労働者に悪影響を及ぼす場合。またこれらの行為が事業場外で行われた場合であっても、それが著しく当該事業場の名誉若しくは信用を失墜するもの、取引関係に悪影響を与えるもの、又は労使間の信用関係を喪失せしめるものと認められる場合
③雇入れの際の採用条件の要素となるような経歴を詐称した場合及び雇入れの際、使用者の行う調査に対し、不採用の原因となるような経歴を詐称した場合
④他の事業へ転職した場合
⑤原則として2週間以上正当な理由なく無断欠勤し、出勤の督促に応じない場合
⑥出勤不良又は出欠常ならず、数回にわたって注意を受けても改めない場合

そして、解雇予告除外認定を受けるには、所轄の労働基準監督署に例に記すような「解雇予告除外認定申請書を提出しなければなりません（厚生労働省のホームページ「主要様式ダウンロードコーナー　労働基準法関係主要様式」からダウンロードできます）。

また、提出の際には、次のような添付書類も必要となります。

解雇予告除外認定申請書

様式第3号（第7条関係）

解雇予告除外認定申請書

事業の種類	事業の名称	事業の所在地

労働者の氏名	性別	雇入年月日	業務の種類	労働者の責に帰すべき事由
	男 女	年　月　日		
	男 女	年　月　日		
	男 女	年　月　日		
	男 女	年　月　日		
	男 女	年　月　日		

年　月　日

使用者　職名　氏名

労働基準監督署長　殿

・「労働者の責に帰すべき事由」を詳しくまとめたもの
・該当従業員が違反行為などを認める旨を記載したもの
・該当労働者の労働者名簿、雇用契約書、出勤簿、賃金台帳の写し
・就業規則の写し（懲戒解雇の規定などを確認するため）
・社内の懲罰委員会などの議事録　など

この申請書の提出を受けて、労働基準監督署は調査を開始し、該当労働者への事情聴取を行い、認定するかどうかを決定します。ただし、認定がなされるためには、「労働基準監督署が双方当事者から事実関係を確認し、労働基準監督署長が認定事由に該当する事実が

あると確信した場合」とされており、相手が事実関係を否定したり、争う姿勢を見せたりした場合に、その事実関係を裏付けるようなものがなければ、監督署は基本的に認定しません。

また当然、すでに解雇してしまったような場合には、手続きなく解雇しているため、労働基準法上の手続きに関する違反は生じてしまいます。

実際に、この認定申請の事案は結構数多く出てきます。私が扱った中には、労働者の横領が発覚した事案、警察に逮捕されてしまった事案、あるいは労働者が出社しなくなってしまった事案などもありました。

平成30年の労働基準監督年報によれば、労働者の責に帰すべき事由による申請件数が2265件、そのうち認定した件数は1898件と、約84％が認定されています。

ただし、労働者の行方不明事件に関してよくある事案としては、本人の意思に基づいて来なくなったのか、事件に巻き込まれてしまったのか、わからないようなケースもあります。そのような場合、監督官によって対応が分かれることがあります。

私は、明らかに本人の意思に基づいて出社しなくなったと言えない限り、認めない方向で処理を進めていました。また仮に認める場合も、行方不明の相手にどのように解雇したことを伝えるのかという問題を考えないまま申請してくる会社や社労士が多いので、きちんと公示送達する手続きを行うかどうかまでしっかりと確認していました。

公示送達する手続きとは、行方不明の相手に意思表示を行うために裁判所において行う手続きで、裁判所に一定期間掲示したうえで、その旨を何回か官報に掲載しなければならないことになっています。解雇の手続きは意思表示を行って初めて有効になります。この手続きを踏まなければ、解雇されていないことになるのです。

元労働基準監督官の本音

私は、監督官時代に、行方不明者の扱いについて、どんな場合に退職扱いとしたらいいかを検討してはどうかと提案したことがありました。具体的には、本人が来なくなったのは、自分の意思に基づいてのことだから、本人の家に行って手紙を置いておき、それでも連絡が一定期間来ない場合、いったんは退職扱いとする方法を提案したこともあります。仮に事後的に本人が出てきたとしても、そのような手続きを取ったとして会社に過失があるとは考えにくいでしょう。

本人は労働契約上、労務を提供する義務があり、その履行を果たしていないという債務不履行になるわけですから、損害賠償を請求されることはあっても、認められにくいのではと考えます。

労働基準監督署で免除認定を受けても、裁判で解雇無効となることも

なお、労働基準監督署で解雇予告（手当）除外認定を受けたとしても、相手が裁判所に「解雇無効」や「地位保全」の訴えを起こした場合、裁判所が解雇無効と判断することも理論上はあり得ます。というのも、解雇予告（手当）除外認定とは、労働基準監督署が労働基準法で規定する「解雇予告」について、その手続きを行わなくても処罰しないという免責を与えるための認定であり、裁判所がその解雇についてそもそも有効か無効かについての判断基準は、別に存在するからです。

解雇が有効か否かの裁判所での判断基準はいくつかありますが、少なくとも社内において懲戒解雇の規定をしっかりと整備し、就業規則などにもきちんと書き込んだうえで周知徹底しておくことが必要です。

また問題が起きたときには、経営者や人事担当者の一存でものごとを進めるのではなく、懲戒委員会などを立ち上げて客観的な審議を行い、懲戒解雇を決定するまでのプロセスを明らかにしつつ、記録を残しておくことが大切です。

それにしても、問題社員となる人が最初からそうだったわけではないケースがほとんどです。相談事例を見ても、「最初はいい関係だったんだけど」ということが多いし、どちらかというと会社が育て上げたような人材だったりします。

しかし、会社に対してものが言えないまま、不満が溜まって最終的には爆発してしまう……。結局、問題社員の出現は意思疎通がうまくできない会社でよく起きる問題であり、会社の責任になるかもしれません。根本的には、いかに意思疎通をよくするか、風通しの良い企業風土を作るのが問題解決の出発点だと思います。

労務トラブルが発生する前提での仕組み作りが重要

生まれ育った環境や考え方が1人ひとり違う以上、どんなに防ごうとしても、労務トラブルが発生する可能性をゼロにすることはできません。特に近年、ジェネレーションギャップの拡大、価値観や仕事観の多様化が顕著となっていると感じます。例えばハラスメントであれば、受け手がどう感じているかの問題も大きく、同じ言葉でも、この人ならOKだけど、別の人はダメだということも少なくありません。

そういう意味ではどれだけ対策してもトラブルが起きる可能性はあります。しかし、それが外に漏れるとやっかいです。

そもそも、労働基準監督署に訴えられて勧告があったとしても、送検されない限り、その情報が労働基準監督署から外に漏れることはありません。表沙汰になるのは、訴えた本人かそれを知った第三者がリークした場合ですが、それがネットで拡散されたり、メディアで取り上げられたりすると、他の労働者も嫌な思いをしますし、求人面でも敬遠されるようになってしまいます。

それだけに、まずはどうやって労務トラブルを起こさないようにするか、そしてもし労務トラブルが起きたときに、それをどう早く解決するかに注力すべきです。労働問題や労働争議、あるいは労働訴訟にまで発展させるというのは、会社にとっても労働者にとってもメリットはありません。いかに外に出さず解決するかが大切です。

まずは、社内の問題を通報したり相談したりできる社内窓口を作ることです。例えば、2020年に施行したパワハラ防止法には「雇用管理上必要な措置を講じること」（第30条）と書かれています。

社内にそうした窓口を作ることは雇用者の義務であり、「労使紛争については、まずは社内で迅速に解決せよ」というのが原則だと考えるべきでしょう。

就業規則を作ろうと思うけど、監督署に相談すると労働者有利の規定にされるのでは

労働基準法は、労働者を1人でも使用する事業場に適用されますが、就業規則については、「常時10人以上の労働者を使用する事業場においては、これを作成しまたは変更する場合に、所轄労働基準監督署長に届け出なければならない」とされています（労基法第89条）。

また、就業規則は会社単位ではなく事業場単位で作成して、届け出なければなりません。例えば、1つの会社で2つ以上の営業所、店舗等を有している場合、会社全体の労働者の数を合計するのではなく、それぞれの営業所、店舗等を1つの事業場としてとらえ、常時使用する労働者が10人以上の事業場について就業規則を作成する義務が生じます。

この「常時使用する労働者」とは、正社員のみならず、パート・アルバイト社員も含みます。つまり、パート・アルバイト社員も含め、一時的に10人以上となる場合は別ですが、通常は10人以上労働者がいるような事業場が対象となるということです。

なお、複数の営業所、店舗などの事業場を有する会社については、営業所、店舗等の就業規則が変更前、変更後ともに本社の就業規則と同一の内容のものである場合に限り、本

社所在地を管轄する労働基準監督署長を経由して一括して届け出ることも可能となっています。

この就業規則の作り方は、労働基準監督署に相談すれば、どういう就業規則を作ればいいかモデル規則を示してくれるでしょう。また、厚生労働省のホームページで「モデル就業規則」と検索すれば、ダウンロードすることも可能です。また、作った就業規則が法的にクリアしているかどうかのチェックは労働基準監督署がやってくれるので利用するといいでしょう。

監督官に相談すべきことと、社会保険労務士・弁護士に相談すべきことの境界線は？

監督官についていえば、例えば就業規則を作るにあたっても、前述したように、あくまでもモデルを提示してくれ、作られた就業規則が法律的に合っているかどうかをチェックしてくれるだけです。相談しても、その会社独自の就業規則（その会社にとってふさわしい就業規則）を作ってくれるわけではありません。

しかし、せっかく就業規則を作るのなら、自分の会社の実態に即した、将来、問題が起きたときに対応できるような就業規則を作っておきたいところでしょう。そこで、いわゆる専門家に依頼することになりますが、ひと言で弁護士や社会保険労務士といっても、対応する分野に得手不得手があります。

例えば弁護士についていえば、トラブルをお金で解決すると言うことについては長けている人も、将来起こるかもしれないトラブルも含めたリスクマネジメントについては不得意だったりします。

「労働問題、離婚問題、交通事故が得意です」と、何もかも一括りにしてすべてができるように標榜している人もいますが、法的な解釈力はあっても、いざ問題が起きたときの解決力があるかというと、疑問符がつく人も正直少なくありません。法律も毎年のように変わってきていますから、そのすべてを網羅するのは現実的に難しいのです。

そういう意味では、自分でできること、できないことをはっきりしている専門家の中から、労働問題に特化している人を探すことが大切です。一般的に労働法に詳しい弁護士を探す際に、経営法曹会議の会員を探すのも一案です。

それは、社会保険労務士も同様です。労働問題には予防的に対処することが必要です。よく歯医者さんが、「虫歯ができてから治療するのではなく、虫歯ができないように予防のために定期的に来てください」と言いますが、それと同じこと……。事が起きる前にコンサルティングしてくれるような人を見つけたいものです。

労務管理も専門家と組んで対応する時代に

会社の安全管理などについても、監督署に見てもらえば万全というわけではありません。監督官ですべてチェックできるかといえば、そうでもありません。前述のとおり、監督官は人員も少なく、限られた時間の中で厳密にチェックできないこともあるし、担当した監督官によっては見落とすこともあります。また、時代とともに、見直すべき点もどんどん増えていきます。

社会保険労務士として開業後、私が訪問した和菓子の工場のケースでは、かつて監督官が2回ほどやってきていろいろチェックを受け、是正すべき点は是正したという話でした。ところが、私が、そのときに受けたという勧告書の内容と実情を照らして見ると、「本来なら使用停止命令だね」というほど多くの問題が残っていました。

つまり、「すべての監督官が問題点を確認できるわけではない。監督署に見てもらったからといって、すべてクリアになっているわけではない。事故の原因となりそうな問題点がすべて解決しているわけではない」ということですし、定期的に自社の安全衛生管理体制をチェックする必要があるということです。

それにもかかわらず、税務管理については税理士という専門家を置いていても、労務管理や安全衛生管理の専門家は置かない会社が多いようですが、これからは、月々お金を払ってでもそれらの管理の専門家を置くようにすべきです。

税務管理同様、労務管理の内容もどんどん複雑化・高度化して、専門的な知識と実務能力が必要とされるようになっています。さらに、一歩間違って事が起きたときに対処するだけでは追いつかないケースが増えているのが現実です。そのリスクを考えれば、労務管理や安全衛生管理についても、外部の専門家と組んでいくことを真剣に考えるべき時代になったと思います。

第三章

知らずにやっている法令違反の労務管理

執筆担当：原労務安全衛生管理コンサルタント事務所
社会保険労務士法ヒューマンリソースマネージメント

注意しておきたい労働時間の「端数の丸め処理」

労働基準監督官の視点

勤怠管理で問題になりやすいのが労働時間の「端数の丸め処理」です。1日の労働時間数や始業・終業時刻を切りの良い時間に調整することは、決して珍しいことではありません。

1日の労働時間数の端数処理とは、例えば、1日の所定労働時間が8時間の会社で、その日の実労働時間が9時間13分だった場合、残業時間が1時間13分になりますが、端数の13分を切り捨てて実労働時間は9時間、残業時間を1時間ちょうどとするようなパターンです。また、始業・終業時刻の端数処理とは、例えば9時00分始業の会社で8時32分に出勤して仕事を開始したところを、15分単位で丸めて8時45分を始業時刻としたり、30分単位で丸めて9時00分を始業時刻としたりする、といったような勤怠管理を行うといったものです。

こうした端数の丸め処理が行われる目的は、言うまでもなく給与計算を簡便にするためですが、本来は1分単位での勤怠管理を実施することが原則です。日々の労働時間が端数処理によってカットされる状況が続くと、1カ月あたりの実労働時間と給与計算上の労働時間に大きな差異が生じ、結果として残業代の未払いが発生し、労務トラブルに発展するリスクが少なくありません。

そんな中、法律上で唯一認められているのが、1カ月間での割増賃金を支払う必要のある労働時間の端数処理です。時間外割増、休日割増、深夜割増を支払う必要のある労働時間に関しては、それぞれ1カ月分を合計した時間数について30分未満の部分は切り捨て、または30分以上の部分は1時間に切り上げてもいいことになっています。

ただし、あくまで「1カ月単位」での時間外労働等の時間数に対して特例として認められているだけであり、「1日単位」での労働時間数に対する特例ではありません。そのため、日々の労働時間数に対して端数処理をすることは、法違反ということになります。

なお、日々の労働時間の端数処理が違法である理由は、実際に働いた労働時間が切り捨てられることにより、労働者にとって不利になるからです。

その観点で言えば、給与計算を簡便にするには「切り捨て」ではなく、「切り上げ」をすればいいのです。残業時間が1時間13分だったら端数の13分を15分単位に切り上げて、1時間15分の残業と取り扱うことは、労働者にとって有利な取り扱いとして、まったく問題ないということになります。

元労働基準監督官の本音

勤怠管理について、最近は紙のタイムカードで行うのではなく、勤怠管理システムを導入して行っている会社が多くなってきた印象です。監督官の中には、調査に行った際にその会社が勤怠管理システムを使っている会社だった場合、調べるのも楽ですからラッキーと感じる人もいると思います。

というのも、少なくとも勤怠管理システムは労働基準法を意識して設計されているのでしょうから、そこから集計された労働時間をもとに給与計算を行っているのであれば、誤った給与計算を行っていないと判断できるからです。それに、勤怠管理システムを利用しているということは、コンプライアンスを意識して正しい勤怠管理、給与計算を行おうとしている会社だと思うからです。

しかし、勤怠管理システムを利用して時間集計しても、その時間を最終的に違法な端数処理をしてしまったらまったく意味がありません。

労働時間の端数の丸め処理に関する設定ができるシステムもあると耳にしたことがありますが、使う場合にはくれぐれも注意が必要です。法律ではあくまで1分単位で計算することが原則ということを忘れてはいけません。

実務の面から見た社労士法人ヒューマンリソースマネージメントの視点

日々の労働時間に関して1分単位が大原則であるということは十分理解したとしても、会社側としては納得しづらい部分も出てきます。典型的なのが、「タイムカードを打った時刻＝労働時間の開始か」という問題です。

打刻した1秒後に仕事を始める人はまずいないでしょう。タバコを吸いに行ったり、同僚と話したりしている時間があるはずです。あるいは、更衣室で着替えて実際に働く場所に移動する時間もかかります。そうした事情を鑑みて、実務においては、労使で話し合い合意を取りつつ、実態に応じて出勤時刻や退勤時刻を5～10分程度丸めるという端数処理は許容範囲だと思います。実際、次のような判例が示されたことがあります。

ある運輸会社で1年8カ月働いていたドライバーY氏が、退職後、「残業代等が支払われていない」として会社に請求しました。幾つかある争点の1つに、タイムカードを打刻する事務所からと仕事に使う大型車を駐車している駐車場との間を、どれぐらいの時間で移動しているかという話がありました。

歩く速さは人それぞれです。さっさと移動する人もいれば、のんびり移動する人もいます。そこで、この会社では、日々の移動時間を1分単位で管理するのではなく、みんなの移動時間を丸めて5分とカウントして労働時間に加算していましたが、Y氏は、「俺はもっと時間がかかったんだ」と反論しました。しかし、高裁はY氏の主張を認めませんでした。「みんなの合意があったのなら、その程度の労働時間の丸めは認められる」という判決を下したのです。実際、「みんなそれを納得していた」という複数の証言がありましたし、このように、実態に応じた時間の丸めは許容範囲だと判断したというわけです。

社労士法人ヒューマンリソースマネージメントが提案する対応策

労働時間の端数の丸め処理を行う理由は、給与計算を簡便にしたいという会社側の都合ですが、法律では1分単位を原則としており、安易に端数処理を行ってしまうと、残業代の未払いとなり、訴訟に繋がるリスクがあります。また、訴訟にならなかったとしても、労働者は「働いた時間が切り捨てられてしまっている」と感じ、会社全体のモチベーション低下に繋がるリスクもあります。

始業・終業時刻を手書きで自己申告させている場合や、紙のタイムカードを利用している場合、正しい労働時間の集計は非常に手間が掛かりますが、クラウド勤怠管理システムを利用すれば、システムで時間集計を自動で行わせることが可能です。つまり、違法な端数処理を行わずとも、手間を掛けずに時間集計が可能ということです。

また、前述した「労働時間の適正な把握のために使用者が講ずべき措置に関するガイドライン」においても、「タイムカード、ＩＣカード、パソコンの使用時間の記録等の客観的な記録を基礎として確認し、適正に記録すること」を原則的な把握方法としています。

これからの時代は、業務効率とコンプライアンスの２つの観点からも、クラウド勤怠管理システムを利用して、正しい労働時間の集計を行うことが重要ということです。

残業申請制度の正しい導入方法

労働基準監督官の視点

２０１８年６月、「働き方改革を推進するための関係法律の整備に関する法律」、いわゆる「働き方改革法」が成立しました。それに伴い、それまでは「告示」だった３６協定の限度時間（1ヵ月に45時間、1年に３６０時間までの時間外労働）は「法律」に格上げされ、明文化されました。

またそれと同時に、特別条項を設けても、１年間の時間外労働は７２０時間以内、１ヵ月に45時間超の時間外労働は1年に６回まで、１ヵ月の時間外労働＋休日労働は１００時

働き方改革法の施行でここが変わった！

	2019年3月まで	2019年4月以降（※）
年間上限時間	360時間以内	**720時間以内**
1ヶ月上限時間	45時間以内	45時間以内
特別条項（年6回上限）	上限無制限	単月上限100時間未満 2～6カ月平均80時間以内
適用除外	自動車運転業務 工作物建設等の事業 研究開発業務	自動車運転業務 建設事業　医師 研究開発業務 ※5年後の適用を検討
罰則	なし	**企業名公表** **刑事罰**

（※）中小企業は2020年４月以降

間未満と規定され、さらに当月を含む直前2カ月から6カ月の「1カ月平均の時間外労働＋休日労働」は80時間以内にしなくてはならないこととなりました。これで、ある意味では〝青天井〟だった限度時間が規制されることになったわけです。

この働き方改革法は、２０１９年４月（中小企業は２０２０年4月から）から施行されましたが、それに伴い、「残業申請制」を導入する会社も増えています。

ところで、そもそも「労働時間」とは何でしょうか？　労働時間とは「会社の指揮監督下にあり、労働者が自由に利用できない時間」のことを意味します。そして、会社にいる時間のうち、これとは逆の時間。つまり、会社の指揮命令下になく、労働から離れて労働者が自由に利用できる時間のことを休憩時間といいます。

つまり、会社にいる時間から休憩時間を除いた時間が、労働時間ということです。なお、労働時間に該当するかを判断するにあたっては、必ずしも現実に精神的・肉体的な活動を行っていることは要件とはなっていません。

次に、休憩時間について詳しく見ていきましょう。休憩時間とは、単に作業に従事しない、いわゆる手待時間（待機時間）は含まず、労働者が権利として労働から離れることを保障されている時間のことを意味します。

例えば、小売業店舗のレジ打ち業務に従事する人が、お店にお客様が1人もおらず他の業務も何もしていない時間については、実際に仕事をしている訳ではなく、また精神的・肉体的な活動を行っている訳ではありません。しかし、労働者が自由に利用できない時間（持ち場を離れて、好きなことができない時間）ですので、このような時間は休憩時間ではなく、いわゆる手待時間（待機時間）として労働時間にカウントされることになります。

ここでいう労働時間に該当したら、会社は賃金を支払う必要があるということです。逆に、この労働時間に該当しないのであれば、「ノーワーク・ノーペイ」の原則に則り、会社は賃金を支払う必要がないということです。

残業申請制度を運用していて、残業申請忘れがあったとしたら、申請忘れがあったことを確認したうえで再申請させる必要がありますし、これが業務ではないということだったら、業務ではないことを明確にしなくてはいけないということです。

残業代の未払いに関する争いは、代表的な労務トラブルの1つです。経営の安定化を図り、利益を上げたい会社がなるべく残業代を抑えたいと考えるのは自然なことですが、中には安易に残業申請制度を採用して、それを実現しようというケースも見受けられます。

実際に残業が生じていることを認識しているのに、申請しづらい雰囲気を作ったり、プレッシャーをかけたりする。あるいは、申請しない労働者がいることに認識しているにも関わらず、「申請していないのだから残業ではない」と見て見ぬふりをする。ひどい場合は、申請しても、それを認めようとしない。そうした会社でトラブルが発生し、ニュースになってしまうのです。

結局、労務トラブルを起こすか起こさないかは、会社のモラルの問題です。残業申請制にしても、会社は「長時間労働をなくす」という主旨で定められたものであることを肝に銘じ、それを労働者に周知しなければなりません。

残業している労働者本人が、「たかだか10分とか30分の残業のために、5分も10分も時間と手間をかけて申請書を提出するなんて面倒臭い」とか、「周りから、雰囲気わかってないなんて言われたくない」と思わないようにすることも大切です。つまり、会社も労働者も共にモラルを高める必要があるということです。

そのために会社は、労働者がどういう働き方をしているかきちんと把握し、なんとなく残業している者がいたら、残業に区切りをつけさせる。もっと言えば、「残業するんだったら何やるんですか。残業する必要はないですよ。できるだけ長時間労働をなくして健康に気を使ってください」と働きかける。そんな努力が必要です。さもなければ、労働者によかれと思って導入した残業申請制が形骸化してしまいます。

元労働基準監督官の本音

残業申請制度を取っている会社なのに、実際には残業申請がほとんど出てきていない事業場や、残業申請が数多く出てきても、３６協定の範囲内の少し手前で収まってしまう事業場など、その実態がかなり怪しいところも少なくありませんでした。

そうなると、タイムカードと賃金台帳や残業申請の用紙を見比べ、乖離が大きいと怪しいと判断しますし、また、手書きやエクセルなどの客観的とは言い難いような時間管理（自己申告制）のところであれば、もう虚偽だと思って調べていました。パソコンのログの確認はもちろんのこと、交通系のカードの履歴で休日出勤をしていないかなども調べてもらったこともありました。

監督官を離れてここ最近の話では、スマートフォンのGPSのログ機能を使って行うグーグルマップのタイムラインなどで調べる方法も出てきているようです。少なくとも残業申請制度を取り入れているところでは、始業終業時刻だけは客観的な把握を行わない限り、申請自体が言い訳の方法としかとられないことになりかねません。

実務の面から見た社労士法人ヒューマンリソースマネージメントの視点

残業申請制度を導入する会社が増えていることは前述しましたが、ただ形だけ導入しても意味がありません。

「当社は残業申請制度を導入します」と言ったからといって、すぐにルールが全員に徹底されるわけではありません。「面倒臭い」とか、「忘れていた」などという理由で残業申請しない労働者も出てくるでしょう。だからと言って会社が「そもそもあなたは残業申請していないのだから、会社としてはその残業については労働時間としては認めません。残業代は払いません」と言えるかというと、そう簡単な話ではないのです。実際、残業申請していない時間に関して会社は本当に賃金を払わなくても問題ないのかが問われた裁判があります。

ある一定の労働時間を超えたら申請してもらうという形の残業申請制度を導入しているある会社で、残業申請をしない社員（Z氏）がいました。そのZ氏に対して、社長は「忙しいというのは申請をしない理由にならない、ちゃんと申請を上げろ」と指導しましたが、Z氏は申請しませんでした。その後、Z氏は会社を辞め、「俺は深夜まで残業したのに、残業代が支払われていない」と会社を訴えたのです。

会社としては残業申請するように指導したにも関わらず、Z氏が申請しなかったのですから、当然、会社が勝訴したと思うでしょう。ところが、裁判では会社の残業代未払いが認定され、会社は負けてしまいました。なぜ、そんなことになったのでしょうか？

判決の内容見ると、「そもそも、この労働者が残業しているのを認識していますよね。認識しているのに、数回の指導で終わっている。ちゃんと指導しているとは言えないですよね。実際、その労働者は深夜に社長に報告メールも打っており、実際に働いていたのを知っていましたよね」という趣旨のことが書かれています。

また、「そもそもこの会社で、この労働者に対して長時間残業しないと終えることのできないような仕事を与えていましたよね。会社としてその労働者の残業を減らすための具体的なアプローチや取り組みをしていましたか？　してないですよね」とも指摘しています。

つまり、「その労働者の残業は、会社から明確な指示があったわけではないけれども、〝暗黙の指示〟があり、明確に働けとは言わないでも働かざるを得ない状況に追い込んでいた。その時間は「会社の指揮監督下にあり、労働者が自由に利用できない時間」として、労働時間であると認定した。そして未申請の残業に対して、会社が今まで残業代を払っていなかったことは、労働基準法のルールを守っておらず違法である。だから、きちんと残業代を払いなさい」というわけです。

この判例を見てもわかるように、残業申請制は形式だけでやってもまったく意味ありません。制度導入する際は、必ず運用を徹底する必要があるいうことです。

社労士法人ヒューマンリソースマネージメントが提案する対応策

ここで、残業申請制度を運用するうえでのポイントを解説したいと思います。

(1) 現実な運用面も考慮して制度を設計する

就業規則に「始業時刻9時、終業時刻18時。18時以降に残業する場合はすべて申請させます」などというルールを定めている会社もありますが、現実的ではありません。

みんなが定時に一斉に帰れる仕事をしているのならいいでしょうが、現実的にはどうしても多少の残業をしなければならない場合も出てきます。それにも関わらず、18時を超えた瞬間に残業申請をしなければならないとなると、申請を上げるほうも、承認するほうも大変です。

労働者の数が少なければどうにかなるかもしれませんが、会社の規模が大きくなり、労働者の数が多くなれば、それが毎日のことになるのは見えています。「それで現場は回るんですか？」ということになるでしょう。

それを解決するために考えたいのが、ある程度バッファを設ける方法です。例えば、前述の「始業時刻9時、終業時刻18時」の会社であれば、1日の残業が1・5時間を超える19時30分以降も働く場合に、残業申請をさせるのです。月によって所定労働日数は異なると思いますが、平均月20日だとすると、1・5時間×20日＝30時間までは、残業申請をしなくてもよいという運用です。この時間数であれば、時間外上限規制も抵触しません。また、この考え方を定額残業制と絡めて利用することも可能です。

仮に30時間分の定額残業を設けておけば、申請数もかなり抑えられ、かつ事務手続きや給与計算にかかる手間が軽減され、会社・労働者共にきちんと運用できるでしょう。

(2) 早朝・深夜時間のメール発信のルールを定める

残業申請制度を運用する際、メール発信のルールも定めることもオススメします。つまり、残業申請をしないのであれば、そもそも仕事はできないので、メールの発信も認めないということです。かつて、業務終了後に自宅から深夜に業務用メールを発信し、自分はその時間まで仕事をしていたんだと主張してきた労働者がいて困っているとの相談を受けたことがあります。そのようなことにならないよう、メール発信のルールも定めたほうがよいでしょう。

(3) タイムリーに残業時間を把握し、早めに対策する

時間外上限規制がスタートし、会社は残業時間を法律で定められた上限時間の範囲内に収める必要があります。そこで採用した残業申請制度のもとできちんと申請・承認を行ったとしても、実際に働かせた残業時間数の確認が、1カ月に1回だけ……というのは少なすぎます。なぜなら、気づいたときには時間外上限規制違反となっており、後の祭りとなりかねないからです。

タイムリーに把握することがとても重要ですが、紙のタイムカードでは対応が厳しい。よって、クラウド勤怠管理システムを活用して、未申請残業がないかや、累計の残業時間の把握をタイムリーに行い、異常値を発見したら早めに対策することが重要です。

(4) 在社時間と労働時間を把握する

会社の就業ルール解釈1つとっても、朝早く出社する労働者もいれば、始業時刻ギリギリに出社する労働者もいます。この早く出社する労働者とギリギリの労働者では、2時間近く違う会社も存在しました。経営者からすると「朝早く来いという業務命令は出してな

労働時間の考え方

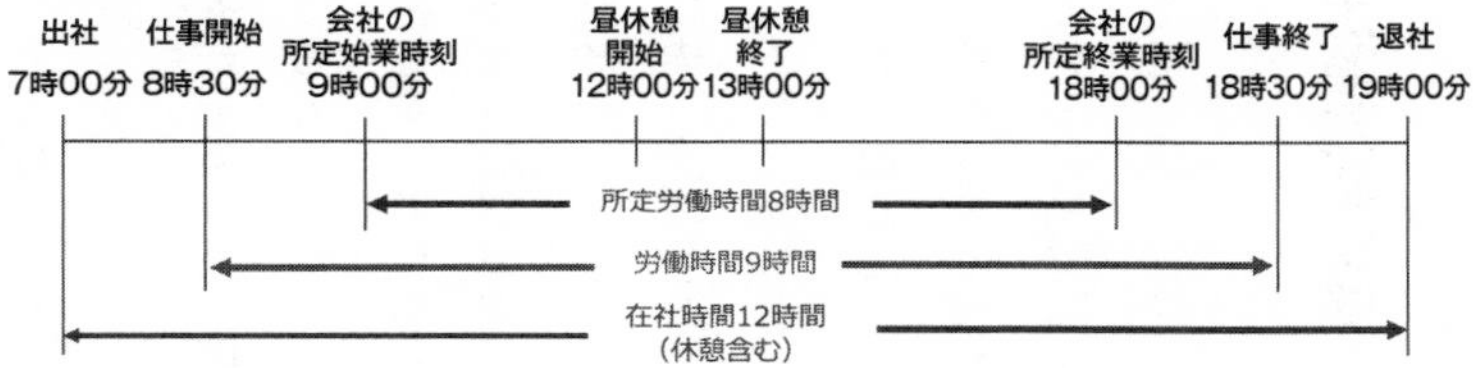

い」「業務命令を出してない以上、労働時間ではない」と主張されます。

一方、働く人たちからすれば、「出勤打刻したのだから労働時間だ」「仕事をしているかどうかではなく会社に来ている事実がすべてだ」と声に出して主張するかは別として、内心ではそう思っている人も多いのではないでしょうか。

そこで押さえておきたいポイントが「在社時間」と「労働時間」です。端的に言えば、会社に来てから帰るまでの時間が「在社時間」。会社に来て仕事を開始してから終わるまでの時間が「労働時間」ということです。

例えば、朝7時に出社、8時30分仕事開始、12時から13時まで休憩、18時30分仕事終了、19時退社の場合は、〔在社時間は7時～19時までの12時間〕〔労働時間は8時30分～18時30分から、12時から13時までの1時間を差し引いた9時間〕ということです。

始業開始前の時間、終了後の時間、これは休憩時間ともとれますが、会社側が休憩時間と主張するならば、労働時間ではないことを会社は立証しなければなりません。立証できなければ、在社時間＝労働時間と受け取られても、仕方のないことなのです。会社側がタイムカードと実際の働いた時間の間で、乖離があると主張するなら、実務上は毎日タイムカードに実際の労働時間を本人に記載させ、確定させなければなりません。

この方法でやるとすれば、紙のタイムカードでは自動的に集計できず、経理担当者等が手集計しなければならず、結果経理担当者の労働時間が増え、時代に逆行する形になるのです。働き方改革で求められるのは正しい労働時間の管理です。労働時間が短ければ、仮に拘束時間が長くても罰せられることはありません。一方で会社にいる在社時間がある以上、在社時間管理も避けて通れないのです。

そこで、少なくとも毎月の賃金締切日には、クラウド勤怠管理システム・キングオブタイムを活用して本人に在社時間と労働時間を示し、会社の把握している労働時間に間違いないか確認する作業をすべきでしょう。また、未申請の残業時間があるなど、会社の把握している労働時間が労働者の認識している労働時間と異なるなら、速やかに残業申請書を出させ、上長が確認の上、修正記録を残すことが肝要でしょう。

定額残業制はしっかり管理しなければ無意味になりかねない

労働基準監督官の視点

労働基準法では、残業をさせた場合、実際に働かせた残業時間数に対して割増賃金を加算して賃金を支払うことを義務づけています。つまり、残業代は本来、「10時間残業したなら10時間分の残業代」というように、実際に残業した分を計算して支払うことを原則としています。また、深夜労働や休日労働などがあった場合も同じように、実際に働いた時間に応じて賃金を支払うことを原則としています。

それに対して、「定額残業制」とは、残業時間が一定時間あることを想定して、月々の給与にあらかじめ固定時間分の残業代を加算して支払うこととなります。定額残業制そのものは法律に規定されているルールではありませんが、法律上支払う必要のある賃金を下回らない金額で支払っているのであればまったく問題なく、賃金の支払い方として認められている方法です。

例えば、「月20時間分の固定残業代」と就業規則や雇用契約書などで規定されており、実際の残業時間が15時間だった場合、不足する5時間分はその月の賃金から控除することはできません。逆に実際の残業時間が30時間だった場合、当然のことながら、企業は超過した10時間分の残業代を支払う必要があります。

たまに「ウチは定額残業制を導入しているから、労働時間の管理はしていない」という会社がありますが、そのような取り扱いは違法です。定額残業制を導入しているからといって、労働時間の把握が免除される訳ではありません。日々の労働時間をきちんと把握し、定額残業制で設定している残業時間数と、実際の残業時間数に過不足がないか毎月確認する必要があるということなのです。

元労働基準監督官の本音

前述したとおり、定額残業制とは賃金の支払い方の話であり、実際に支払っている賃金が、法律上支払う必要のある賃金を下回らないのであれば、まったく問題ありません。その観点では、その定額残業代が正しい単価計算に基づいて決定されているか？ということのほうがむしろ重要です。残業代の単価計算は、（労働者に支払う賃金総額÷月平均所定労働時間）で求めますが、この賃金総額に含めないといけない手当を、誤って除いて単価計算を行っているケースが散見されます。その代表的なものとして「住宅手当」があります。

住宅手当という名称であれば単価計算から除くことができるわけではありません。支給金額が住宅に要する費用に応じて決定されていることが条件で、具体的には、賃貸住宅に住む労働者であれば、毎月の家賃に一定割合を乗じた金額としたり、持家に住む労働者であれば、ローン月額に一定割合を乗じた金額とするといった方法の場合でないと、単価計算に含める必要があります。就業規則に「住宅手当：2万円」といったように、労働者に一律の金額を支払っているにもかかわらず、単価計算から除いているケースが散見されます。このような単価計算誤りのほうが問題です。

定額残業制は、賃金をコストと考えると、どちらかと言えば会社が損をする可能性がある制度です。定額残業制を導入してコストが下がったという会社があった場合、その運用は違法であるケースがほとんどだと思います。

では、本来あるべき定額残業制とはどのようなものでしょうか？　実際に残業があろうがなかろうが、会社は約束した残業代を最低限毎月支払うことになるので、それと同時に業務効率が上がるように、会社として仕組みを考え、労働者に働きかけることが重要です。つまり、「会社として定額残業代としてこれだけの金額を支払うから、残業が短くなればなるほど、労働者の得になるんだよ。会社は損するけれども、労働者の業務効率を上げることが目的ですよ」というメッセージを会社として出すことで、会社と労働者がｗｉｎ－ｗｉｎとなる制度と考えたほうがよいでしょう。

定額残業制を賃金の支払い方として大別すると、「手当型」と「組込み型」の２種類があります。「手当型」とは、例えば「定額残業手当」という名称で基本給とは別に手当を設け、賃金を支払う方式のものです。一方で「組込み型」とは、例えば「基本給30万円（残業時間に対する割増賃金を含む）」といったように、基本給の中に残業代を組込んで支払う方式のものです。「手当型」「組込み型」のどちらの方法を採用してもよいのですが、組込み型のほうが高リスクとされています。

もちろん、定額残業制そのものは違法でもなんでもないですし、組込み型も認められているのですが、仮に問題が起きたときに、導入している定額残業制が、法律に照らして適切な賃金の支払い方になっているのかという点が問われることになります。定額残業制に関する裁判の数はとても多いのですが、代表的な裁判として、平成29年7月に最高裁判所が判決を下した事件を説明しましょう。

労働者Aは、B社と「年俸１７００万円。毎月の支給額は１２０万円（基本給86万円、手当34万円）。残りの金額は賞与で支払う」との内容で雇用契約を締結しました。なお、その雇用契約書には、残業時間に対する割増賃金は年俸に含むとの記載（組込み型）がありましたが、年俸のうち割増賃金が幾らなのかについては、何も記載がありませんでした。

労働者Aは、残業をしているにもかかわらず、B社から別途残業代を貰っていないとして訴えた訳ですが、最高裁判所では、「年俸1700万円のうち、残業時間に対する割増賃金が幾らなのかが明確ではない」「定額残業制は、通常の労働時間の賃金に該当する部分と、割増賃金に該当する部分とを判別することができること（明確区分性）が必要」「労働者Aの雇用契約書では、明確区分性が担保されていないので、よってB社は労働者Aに対して割増賃金を支払ったことにはならない」として、B社に対して残業代を支払うことを命じたのです。

このように、定額残業代とそれ以外の賃金が明確に分けられているかどうかなどが厳しくチェックされ、明確区分性が確保されていないと判断されると、最悪のケースでは、「この会社は今まで一切残業代を支払っていなかった」と判断されるということにもなりかねないのです。そういう意味では、ややもすると定額残業代とそれ以外の給料があいまいになりがちな組込み型ではなく、定額残業代が明確にわかるように、定額残業手当などという手当型で支給することをオススメします。

また、当然のことですが、定額残業制で決めている残業時間を超過した場合には、超過時間分の残業代も支払うことになります。そのためにも、定額残業代が何時間で幾らなのかを明確にしておく必要がありますし、超過時間分の残業代を支払う場合は給与明細書な

残業代単価の計算方法

計算方法

賃　金
月平均所定労働時間 **× 法定割増**

■法定割増

時間外割増	125%
深夜割増	25%
休日割増	135%

月平均所定労働時間の求め方

（365日－休日）× 1日の所定労働時間
12カ月

Ex）土、日、祝、年末、
夏季が休日（125日）、
1日の所定労働時間が7.5時間の場合

(365日－125日). 7.5H×1800H
150H/12カ月

分子（賃金）から除外されるもの

① 家族手当　② 交通費（非課税枠の範囲内で）
③ 住宅手当　④ 賞与（1カ月を超える期間ごと）

■勘違いしやすい手当

・皆勤手当　・資格手当
・役職手当　・調整手当

どにも明記すべきです。

では、定額残業制では、あらかじめ残業時間を何時間分まで設定することが可能でしょうか？　繰り返しますが、定額残業制そのものは労働基準法で規定されていているルールではないので、設定できる上限時間数についても法律で明確に決められている訳ではありません。ただし、あまりに長い時間数を設定すると、「会社は長時間労働させることを前提にしている」として、その定額残業制が違法と判断される可能性が高くなります。色で例えると、設定する時間数が短ければホワイトで、時間数が長くなればなるほど、グレーからブラックに変わってくるといったイメージになります。

２０１９年からスタートした時間外上限規制（中小企業は２０２０年4月からスタート）や、安全配慮義務の観点を考慮すると、長時間の定額残業制を採用することは決して好ましくなく、目安としては最大でも45時間（＝３６協定の上限時間数）とすることをオススメします。

また、定額残業代を設定するにあたって、労働者の残業代単価を間違わないように気をつけてほしいと思います。残業代の単価計算式は前ページの図のとおりです。その計算をするとき、労働者の賃金（給与総額）の中から法律上除くことができる給料があります。

具体的には「住宅手当」「家族手当」「通勤手当」などのように、その人の仕事の中身とか評価とまったく関係ない手当です。住宅手当であれば、前述のとおり一律に額が決まっていれば単価計算から除くことはできません。

家族手当なら家族の人数に応じて金額を変えているのであれば、それは給与総額から差し引くことができますが、一律に額が決まっていれば同様に単価計算から除けません。一律に額が決まっていて、固定的に支払われている手当は、「もはやその人の仕事の中身とか評価とまったく関係ない手当とは言えない」と見なされ、残業代単価を計算するときには、必ず給与総額に繰り入れられるのです。

ところが、実際に賃金規定を見ると、「家族手当は2万円」としか書かれておらず、家族構成に関係なく一律2万円払っているにも関わらず、残業代計算の際に給与総額から差し引いている会社は少なくありません。それもまた、いざ問題が生じたとき、未払いという問題に発展することとなります。この定額残業代の単価が間違ってしまうと、例えば、会社は30時間分を払っていると思っていたのに実は20時間分だったなどということになり、そこで未払いという問題が発生してしまうのです。それだけに定額残業代の単価については十分に注意し、労使共に共通認識としておくことが大切です。

社労士法人ヒューマンリソースマネージメントが提案する対応策

定額残業制の有効性が争われ、仮に会社が敗訴した場合、未払い残業代リスクという観点で会社に与える影響は決して小さくありません。そのようなリスクを防ぐためにも、定額残業制を採用する際には、以下のポイントを押さえて運用すべきです。

(1)通常の労働時間の賃金にあたる部分と、割増賃金にあたる部分とを区別する

定額残業制の導入にあたっては、組込み型ではなく手当型とすることをオススメします。その際に、設定している残業時間数や金額をわかるように区分することが重要です。なお、労働基準法で規定されている割増は、時間外割増・深夜割増・休日割増の3種類があります。たまに、これらの割増賃金をすべてまとめて1つの手当として設けている会社がり

定額残業手当の金額の計算方法

定額残業30時間分

基本給から求める方法

基本給３０万円、月平均所定労働時間１５０時間の場合

残業代単価＝$\frac{300,000円}{150時間}$×1.25 ＝ 2,500円

定額残業手当＝2,500円 × 30時間 ＝ 75,000円

給与総額から求める方法

給与総額３０万円、月平均所定労働時間１５０時間の場合

$\frac{(300,000円 - 定額残業手当(X円))}{150時間}$×1.25×30時間 ＝ 定額残業手当(x円)

定額残業手当（x円）＝ ６０,０００円　（基本給：２４０,０００円）

ありますが、明確区分性の観点から望ましくありません。よって、定額残業手当、定額深夜手当など、1つの手当に対して1つの割増賃金の性質を持たせたほうがいいでしょう。

（2）手当の名称は、定額残業代だと誰が見てもわかるものにする

手当の名称は会社によって千差万別です。「見なし残業代」とか、「固定残業手当」という名称で払っている会社もあれば、例えば「営業手当」「業務手当」などという一見して残業代として支払っているかわからない名称で払っている会社もあります。給与規程に「営業手当は時間外労働として30時間分の手当です」と書いてあれば問題ないと言えばないのですが、無用なトラブルを防止する観点から、誰が見てもこの手当が定額残業代だとわかる、例えば「定額残業手当」などシンプルな

名称としたほうがよいでしょう。

(3)給与規程、雇用契約書にきちんと記載する

客観的書類が整っていないと、まったく意味がありません。給与規程には、定額残業代であることをきちんと定義します。そして、雇用契約書には金額・時間数を明記します。

(4)雇用契約書を締結する際は、きちんと内容を説明する

定額残業制に関するトラブルに限らず、労務トラブル全般に共通する原因は「言った・聞いていない」に関するものがほとんどです。法律上は、労働者を雇い入れる際に、労働条件通知書をただ交付するだけでも問題ありませんが、会社と労働者双方が合意をした証として、雇用契約書を2部作成することをオススメします。

(5)設定した時間数を超過して働いた場合、差額分はきちんと支給する

これをきちんと行わないと、最悪のケースでは定額残業制そのものが否定されます。つまり残業代を一切支払っていなかった、ということになります。きちんと労働時間管理を行い、超過分は当該給与計算期間の給与支払日に支払います。

(6)給与明細にも金額がわかるように記載する

給与規程や雇用契約書には明確に記載しているものの、給与明細は分けずに基本給のみで記載しているケースをたまに見かけます。給与規程や雇用契約書を毎月見る労働者はい

ませんが、給与明細は必ず毎月見ます。給与明細の記載内容を、給与規程・雇用契約書の内容と同じ内容にする。加えて、差額支給する月は、差額支給している旨がわかるように記載します（例　超過残業手当〇〇円）。

給与明細に残業時間数を記載することは義務ではありませんが、より丁寧に対応するのであれば時間数も記載することを検討してもよいでしょう。

会社の管理職＝労働基準法の管理監督者ではない

労働基準監督官の視点

労働基準法では、1週40時間・1日8時間などの法定労働時間を超えて労働させる場合に、36協定の締結・届出を前提として、時間外割増を支払うことが義務づけられていますが、労働時間等に関する規定の適用除外として、次の者に該当する場合は、時間外割増の支払いが不要となっています。

（1）農業または水産業等の事業に従事する者
（2）監督もしくは管理の地位にある者、または機密の事務を取り扱う者
（3）監視または断続的労働に従事する者で、行政官庁の許可を受けたもの

ここでいう(2)が、いわゆる管理監督者と言われます。

この管理監督者と、会社でいう管理職をごちゃまぜに考えられているケースがとても多いので注意が必要です。

ちなみに、この管理監督者については通達が出ています。

通達では、まずこの適用除外の趣旨として、「管理監督者とは、経営者と一体的な立場にある人だから、法律で定める労働時間の規制を除外できますよ」ということが書いてあります。そして、「企業が人事管理上あるいは営業政策上の必要等から任命する職制上の役付者であれば、すべてが管理監督者として例外的取扱いが認められるものではないこと」とも書かれています。

つまり、「会社の管理職＝労働基準法の管理監督者ではない」ということです。

労働基準法上の管理監督者に該当するかの判断は、その人の職務内容や責任・権限などを実態ベースで確認したり、労働時間について裁量があるかどうかや、その職務内容にふさわしい賃金を貰っているかということを確認することとなりますが、私自身、監督官時代に「この人は管理監督者に該当しません」と勧告したケースは少なくありません。

「会社の管理職＝労働基準法の管理監督者」ではなく、まず「会社の管理職」がいて、その中に労働基準法の管理監督者に該当するする人、該当しない人がいるということを、きちんと理解する必要があるということです。

元労働基準監督官の本音

飲食店大手企業の加工作業を行う事業場でのケースを紹介しましょう。そこで加工した食品を全国に配送していましたが、当時流行りでもあった南米からの日系労働者を多数雇い入れていました。

それぞれの部署に日本人の管理者がいて、作業指示などを出しているということでしたが、もともと事故が多い事業所だったので安全管理の指導に入り、管理監督者の範囲を聞いたところ、「工場長に加え、各部門に配置されている日本人労働者10名全員」という返事で、その中には入社したばかりの若手もおり、給与も決して高くない状況でした。

そこで、「工場長以外は管理監督者として扱うのは無理だ」と判断し、残業代を支払うよう勧告することとし、工場長にはその旨を説明したうえで、後日、勧告書や指導票などを取りに来てもらうことにしたのですが、交付時には工場長のほか、本社の管理部門の役員に加え、顧問法律事務所から弁護士もやってきました。

ところが、安全管理の問題点に加え、管理監督の地位の範囲についての内容も盛り込んだ文書を交付しようとしたところ、本社役員は受け取りをかたくなに拒否して、あくまで日本人労働者全員も管理監督の地位にあたると主張。弁護士に説明しても同じ主張を行い、同様に受け取りを拒否したのです。

結局、その日は交付できず、局監督課と協議して、配達の記録が残る郵便で弁護士事務所に送付しましたが、弁護士事務所は受け取りを拒否。その後、工場の安全管理については担当の技官が1年間面倒を見ていましたが、管理監督者に関しては従わないという姿勢を貫いていました。

もともとの指導目的が安全管理でしたから、管理監督者の問題については、とりあえず放置する方針でいくことになりましたが、数年後、その企業は労務管理に関して大きな問題を起こし、社会的に〝ブラック企業〟と目されるようになり、人員の確保もなかなかできない状態に追い込まれました。私も「あんな企業ならそんなことも当然起きるな」と思いましたし、それ以降、その企業の店舗には一切足を踏み入れておりません。

管理監督者に関していえば、これまで労働時間の管理をしなくていいという誤った認識があったのは事実です。少なくとも深夜労働を行った場合には、その時間数を記載し、手当てを支払う必要があります。

働き方改革関連法が施行されてから、労働安全衛生法に基づき、「健康管理」の観点から、労働者すべてに対して労働時間の客観的把握を行うことが義務化されました。当然、管理監督者も労働者に含まれるし、役員であっても業務執行を行う立場の者であれば労働者性があるため、それらの役員も健康管理の立場上、労働時間の把握義務が出てきます。

なお労災保険についてですが、労働者が対象となりますので管理監督者や兼務役員で労働者性が強ければ、過重労働で倒れた場合や、業務に起因したと判断される脳心臓疾患などの場合、労災補償の対象となります。労災補償の対象となる以上、当然に労働保険料の申告の際に労働者として加える必要があります。

実務の面から見た社労士法人ヒューマンリソースマネージメントの視点

管理監督者について、労働基準監督署は厳しい基準で判断しますが、裁判の場においては更に厳しい基準で判断されます。管理監督者に該当するか否かを争った裁判は幾つかあるのですが、ある有名な裁判について紹介したいと思います。

全国にチェーン展開している飲食業のA社は、各店舗の店長を管理監督者として扱っていました。そこで、ある店舗の店長Bが「自分は労働基準法の管理監督者には該当しない」として会社を訴え、裁判に至りました。裁判所は次の判断のもと、店長Bは管理監督者に該当しないとの判決を下し、会社は敗訴しました。

（１）労基法上の管理監督者とは、経営者と一体的な立場で、会社経営に関する決定に参画する者のことである。店長は店舗労働者の採用や人事考課権があるだけであり、会社全体の経営には関与していない。

（２）店長は自分の労働時間を自由に決定できる裁量権はあるものの、アルバイトの欠員が出た際には店長自身がシフトに入る必要があり、結果として月１００時間超の残業を強いられている実態を考慮すると、実質的に労働時間を自由に決定できない状況であった。

（３）店長の平均年収は約７００万円で、他の下位職位の労働者と比較すると高いが、一方で人事評価が低いと、他の職位との年収差が小さくなり、またケースよっては下回ることもあり、十分な待遇とはいえない。

この裁判の他、年収が１７００万円超の労働者についても管理監督者に該当しないと判断した裁判もあります。このことから、管理監督者の取扱いについては、単なる役職者であるとか、給与が高いとかではなく、厳しい基準で判断していることが伺われます。では、どのような人が管理監督者に該当するのでしょうか？　行政通達や過去の裁判を参考にすると、次の要件で判断することになります。

管理監督者・なんちゃって管理監督者

	労基法の管理監督者	なんちゃって管理監督者
経営会議への参画	会社全体の経営方針を決定する会議に参加。発言権や賛成権がある。	会社全体の経営方針に関与していない。
人事考課権	労働者を自由に採用できる。 人事の最終的な決定権を有する。	労働者を自由に採用できない。 人事の最終的な決定権を有しない。
勤務時間	出勤時間を自由に決めることができる。何時に出勤しても、人事考課に影響ない。	出勤時間が決められていて、自分の裁量で変更することができない。
相当の待遇	一般的な労働者と比較し、大きく異なる金額の給料を貰っている。	一般的な労働者と比較し、給料の額がほとんど変わらない。手当を貰っても数万円程度。

(1) 経営者と一体性があるか？

経営会議等に参加し、かつ発言権や賛成権があるかどうかということです。店長などの責任者としての役職であったとしても、その店舗や部署の経営についてのみ権限が付与されており、会社全体の経営についての方針決定などに参画していないのであれば、管理監督者性は否定される傾向にあります。

(2) 人事考課権があるか？

人の採用、人事考課（昇給、昇格、賞与等を決定するための評価）、解雇などの権限があるかということです。これらに携わっていたとしても、その決定について最終的には本社で行う等であれば、実質的に人事考課権はないとされ、管理監督者性は否定される傾向にあります。

(3) 勤務時間に裁量があるか？

遅刻、早退等による賃金控除や、人事考課上でのマイナス評価がされていないかということです。賃金控除やマイナス評価をしている場合や、他には店舗などでパート・アルバイト等の人員が足りない場合に、その穴を埋めるために長時間労働をしなくてはいけないようなケースでは、勤務時間に裁量はないとされ、管理監督者性は否定される傾向にあります。

（４）相当の待遇差があるか？

経営者と一体的な立場にあるという重要な責任を担っているとして、一般的な労働者と比較して、相応な待遇がなされているかということです。長時間労働を行ったときの給料を時給単価に置き換えた際に、一般的な労働者の時給単価を下回っていたり、昇進して管理監督者になったことで、今まで支払われた残業代がなくなり、以前と比較して給料が少なくなったというようなケースでは、相当の待遇差がないとされ、管理監督者性は否定される傾向にあります。

ここで説明した４つの要素のいずれかに該当しない場合、管理監督者性が否定される可能性は非常に高いでしょう。繰り返しますが「会社の管理職＝管理監督者」ではないのです。

社労士法人ヒューマンリソースマネージメントが提案する対応策

このように、非常にハードルが高い管理監督者ですが、これらの要素を満たして管理監督者として取扱ったとしても、次のように注意すべき点があります。

（1）管理監督者の時間管理は不要なのか？

「勤務時間に裁量がある」ということで、タイムカードや勤怠管理システム等で出退勤打刻をさせていない会社が多いのではないでしょうか。しかし、そのような取り扱いはＮＧです。なぜなら、２０１９年４月に労働安全衛生法が改正され、健康管理の観点から、企業は管理監督者であったとしても労働時間の把握をすることが義務づけられたからです。よって、管理監督者についても、他の一般労働者と同様にタイムカードや勤怠管理システム等で出退勤打刻をさせる必要があるということです。

（2）すべての割増賃金の支払いが免除される訳ではない

労働基準法で規定する割増賃金は、時間外割増、休日割増、深夜割増の３種類ですが、管理監督者に該当した場合に適用除外となる割増賃金は、時間外割増と休日割増の２つのみです。つまり、深夜割増については免除されておらず、深夜時間帯（午後10時から午前5時）に働いた実際の時間数に応じた深夜割増の支払いが必要となります。すべての割増賃金が免除されると勘違いをしているケースが多いので注意をしましょう。

役職者の給与については、支給総額ベースで決定をしている会社も多いと思います。仮に労働基準法上の管理監督者性を否定された場合のリスクを考え、支給総額は変えずに定額残業手当を組込むことも検討したほうがいいでしょう。

なんちゃってフレックスタイム制が多すぎる

労働基準監督官の視点

近年、育児・介護者への対応や、2019年春に流行し始めた新型コロナウイルス対策で在宅勤務を余儀なくされたことで、大企業やIT企業を中心にフレックスタイム制の導入を検討している会社が増えています。フレックスタイム制とは変形労働制の一種です。この変動労働制には、「1年単位の変形労働時間制」や「1カ月単位の変形労働時間制」、そしてあらかじめ定めた一定期間における総労働時間の範囲内で、労働者が自ら日々の始業時刻、終業時刻、労働時間を決められるという「フレックスタイム制」があります。

厚生労働省の「令和2年就労条件総合調査」によると、変形労働時間制を採用している企業の割合は59・6%で、そのうち1年単位の変形労働時間制を採用している企業が33・9%、1カ月単位の変動労働時間制を採用している企業が23・9%、フレックスタイム制を採用している企業が6・1%となっています。フレックスタイム制は注目されている制度ではありますが、採用している会社の割合はまだ少ないのが現状です（次ページ図参照）。

変形労働時間制の有無、種類別採用企業割合

（単位：%）

企業規模・年	全企業	変形労働時間制を採用している企業 1）	変形労働時間制の種類（複数回答）			変形労働時間制を採用していない企業
			1年単位の変形労働時間制	1カ月単位の変形労働時間制	フレックスタイム制	
令和2年調査計	100.0	59.6	33.9	23.9	6.1	40.4
1,000人以上	100.0	77.9	22.6	50.6	28.7	22.1
300～999人	100.0	72.5	28.4	41.2	13.8	27.5
100～299人	100.0	64.4	33.1	30.1	9.0	35.6
30～99人	100.0	56.2	35.1	19.3	3.7	43.8
平成31年調査計	100.0	62.4	35.6	25.4	5.0	37.4

注：1）「変形労働時間制を採用している企業」には、「1週間単位の非定型的変形労働時間制」を採用している企業を含む。

変形労働時間制の適用を受ける労働者割合は51.5%（平成31年調査53.7%）となっており、これを変形労働時間制の種類別にみると、「1年単位の変形労働時間制」は19.1%、「1カ月単位の変形労働時間制」は23.0%、「フレックスタイム制」は9.3%となっている。

フレックス制は、始業の時間も終業の時刻も労働者に委ねるというのが本来のスタイルです。しかし実態は、フレックスタイム制と言いながら〝なんちゃってフレックス制〟がかなりの数に上ります。

本来なら、「始業時間も就業時間も、働く人が勝手に決めていいよ」というのがフレックスタイム制のはずであり、それができないのであれば、フレックスタイム制を適用せず原則どおりに始業時間、終業時間を会社が決めて、その範囲で働いてくれと言わなければいけないのですが、フレックスタイム制でありながら、始業・終業時刻の決定を労働者に完全に委ねていないケースがあまりにも多いのです。

よく問題になるのが、フレックスタイム

フレックスタイム制のイメージ

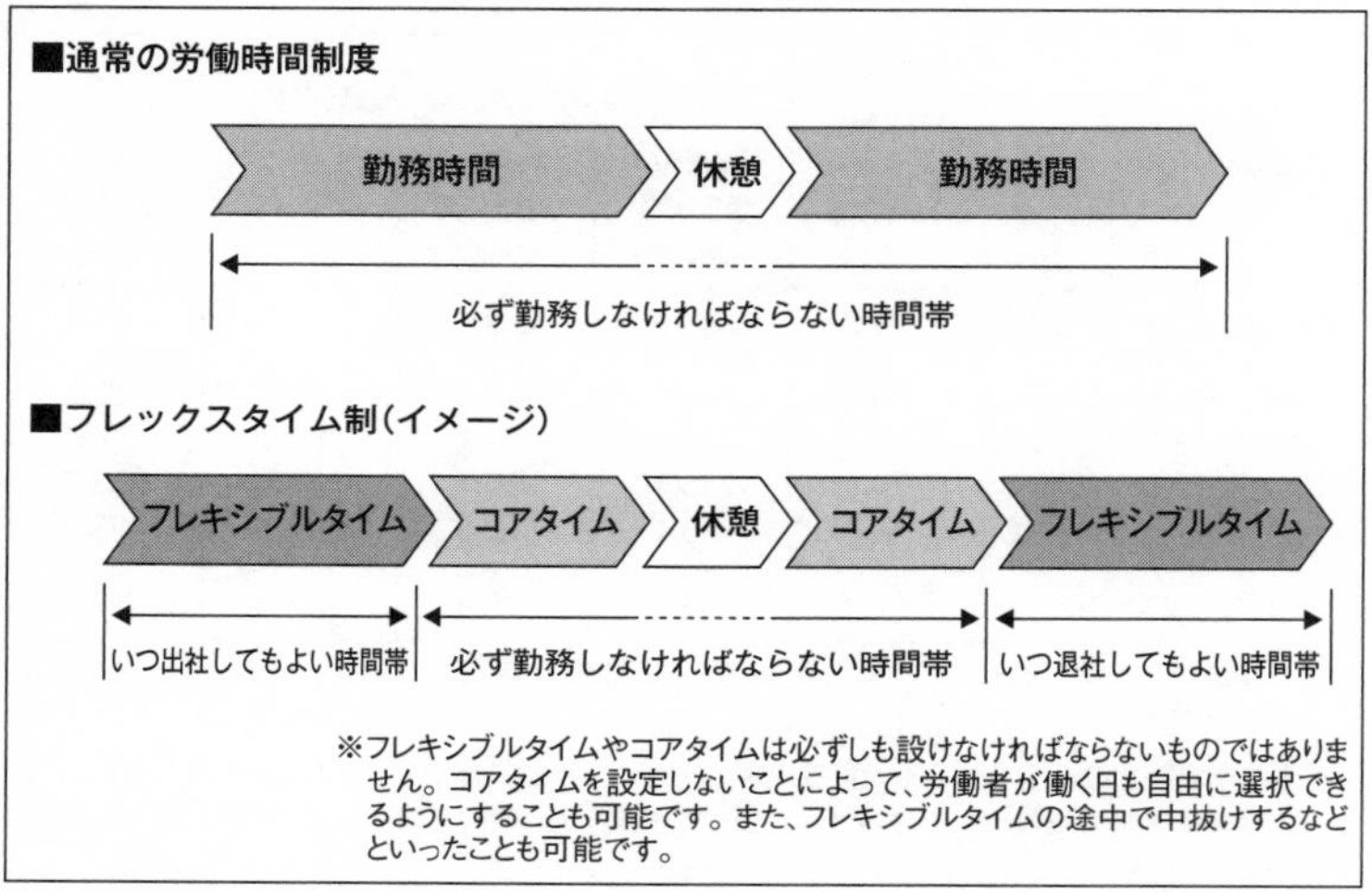

制を謳いながら、1日のうちで会社にいないといけない時間帯がほとんどであるといったような、全然フレキシブルではないようなケース。他には、みんなが同じ時間帯に出勤しているというケースもあります。人それぞれの生活リズムがありますので、たまたま1人の労働者の出勤時刻がずっと同じというならまだしも、ほぼ全員が同じ時間に出勤をしているタイムカードを見ると、監督官の立場からすれば「これって会社が出勤時刻を指示しているのではないの？」と疑いたくもなります。仮に、具体的に会社が指示していなくても「ウチの会社は9時には出勤しなくてはいけない」という暗黙のルールみたいなものがあるのも、フレックスタイム制とは言えませ

んね。

あと、労働者に出社時間や退社時間の予定を事前に申請させ、上長の許可を必要とするルールを設けているケースなどもあり、まさに「なんだこりゃ」で問題ありです。

監督官として現場に行ったとき、うちはフレックスタイム制を導入していると言うので、実際の勤怠状況を確認すると、「これはフレックスタイム制ではないですね」と指摘しなければならないことが少なくありませんでした。

間違っているのは運用面だけではありません。フレックスタイム制について、労使協定がないというのもよく見かけます。フレックスタイム制は導入している事業場ごとに労使協定を締結する必要があります。しかし、労使協定があっても、本社だけ締結していて、本社以外の支店などでは締結していないといった、形式面での誤りもよくある話です。

元労働基準監督官の本音

このように、なんちゃってフレックスが多い印象なのですが、どの会社がフレックスタイム制を採用しているかについて、実は労働基準監督署はほぼ把握できていないというのが実態でした。というのも、フレックスタイム制を採用する際には、その会社で労使協定の締結と就業規則への記載が必要なのですが、従来はその労使協定を労働基準監督署へ届出する義務はなかったからです。また、就業規則には「労使協定の定めによる」と規定されており、具体的な内容が分からない場合も多いため、就業規則にその規定すらない場合は、その会社がフレックスを適用していることを監督に行ったときに初めて知り、協定の内容や実態を確認し、誤りを指摘するかたちが圧倒的に多かったのです。

そんなフレックスタイム制ですが、働き方改革の一環で2019年4月に法改正が行われ、従来は清算期間を1カ月以内に設定する必要があったのですが、より柔軟な制度変更ということで清算期間が3カ月まで認められることになったのです。清算期間を1カ月とするのであれば、従来どおり労使協定の届出は不要ですが、清算期間が1カ月を超える場合は、労使協定の届出義務が新たにルール化されました。となると、労働基準監督署はフレックスタイム制を採用している会社を確実に把握することができるようになります。ですので、フレックスタイム制に対する監督指導の実施件数は、今後もしかしたら増えるかもしれません。

実務の面からみた社労士法人ヒューマンリソースマネージメントの視点

新型コロナウイルスの流行に伴ってフレックスタイム制を採用しようという会社が増え

てきていますが、よくよく聞いてみると、通勤時間をずらすなどというレベルで、安易にフレックスタイム制を採用しようと考えている会社が散見されます。時差出勤制度とフレックスタイム制を混同しているのです。

(1) 時差出勤とは何が違う?

時差出勤制とフレックスタイム制は、まったく以て非なるものです。時差出勤は、例えば始業は9時、終業は18時ということが決められており、そのうち8時間の労働時間を、前にずらすか、後ろにずらすかというイメージです。一般的には前後1~2時間程度ずらすことを認めている運用が多く見られますが、あくまで会社が定めた柔軟な制度の中で、労働者は決められた所定労働時間働く必要があります。

一方、フレックスタイム制は、それこそ、いつ来てもいつ帰ってもいいという制度で、1日の所定労働時間は決められません。何時から何時までは会社にいなければならないというコアタイムを設けることもありますが、その時間を除くフレキシブルタイムの範囲内なら、何時に出社してもいいし、何時に退社してもいいというのがフレックスタイム制です。近年、コアタイムもなくして、完全フリーなフレックスタイム制を採用する会社も出てきて、スーパーフレックスタイム制などとも呼ばれていますが、いずれにせよ、始業・終業の時刻を労働者が自由に決められる話であり、労働者の自己管理能力に委ねられる部分が非常に大きい制度といえるでしょう。

(2) 朝一番に重要な会議が。フレックス対象者に会議の参加を命令できる?

フレックスタイム制を採用するとき、運用上注意をしないといけない点がいくつかあります。

例えば、フレックスタイム制を採用して、コアタイムは11時から15時までと設定しているにも関わらず、9時に打合わせをしないといけない場合が生じた場合でも、フレックスタイム制で働いている社員に対して、9時に出勤して打合わせに参加することを強制することはできないということになります。コアタイムの範囲外はあくまでも労働者の自由裁量に委ねられる時間帯だというわけです。この場合、会社は業務命令ではなく、お願いベースで9時に出勤し打合せに参加してもらうことを依頼するしかありません。

他には、フレックスタイム制と言いながら、例えば、電話番やお客様対応が必要だからと、労働者に対して、日替わり当番制で時間を決めて出社を命じている例も多々見られます。コアタイムの時間帯であれば問題ないですが、そうでない場合は、それも当然にフレックスタイム制の本質から外れた業務命令です。

また、よく見かけるのが、遅くまで働いた社員に対して、「次の日は午後からでいいよ」と言い、それをフレックスタイム制と勘違いしている例です。それは会社が指示を出しているわけで、始業・終業の時刻を労働者に委ねているとは言えません。

(3)1カ月合計の労働時間だけを管理すれば問題ない?

原則の残業時間の計算方法は、「日の単位」「週の単位」の2つの単位で計算する必要があります。日の単位では8時間を超えた時間を、週の単位では40時間を超えた時間を、残業時間としてカウントします。これが大原則なのですが、一方でフレックスタイム制の場合は、その日に何時に出社して何時に退社するのかは労働者が決めることになりますので、日や週の所定労働時間という概念がありません。よって、フレックスタイム制の残業時間の計算は、特例ルールとして「月の単位」のみで計算すればいいことになっています。

この特例ルールですが、残業時間の計算、つまり時間外割増を支払う時間の計算のみに適用されるルールです。よって、深夜割増や休日割増に関しては、フレックスタイム制といえども特例ルールはなく、会社は日ごとに時間管理を行う必要があるのです。フレックスタイム制＝すべての時間管理が月単位で見ればよいので楽になる、という誤解が多いですので、この点も注意が必要です。

(4)コアタイムに遅刻したけれど、賃金カットをしてもよい?

フレックスタイム制を導入する際に、コアタイムを設けておけば、そこに遅刻・早退という概念が生まれます。会社に必ずいないといけない時間帯に遅れて来たら遅刻ですし、早く帰ったら早退だということになります。しかし、フレックスタイム制の場合、この遅刻・早退に対して、その分の賃金カットができないことになっています。

従来、一般的な会社では、9時始業の会社で10時に来たら、働いてない1時間は遅刻として賃金カットで対応することができます。しかしフレックスタイム制の場合、例えば今日、コアタイムの11時に1時間遅れてきたからと言って、1時間分の賃金をすぐカットするというわけにはいきません。

というのも、フレックスタイム制の場合の残業時間の集計は、前述のとおり1日とか1週間の単位で見るのではなく、1カ月単位で会社の決めた時間を超えているか超えていないかを見ることになっているからです。

例えば、ある日遅刻したとしましょう。でも別の日にたくさん働いて、結果的に月の基準の時間を超えた……。そんな場合、結果的に1時間遅刻したとして賃金をカットすることはできないのです。

この場合、会社としては「コアタイムに会社にいなかった。会社のルールを守らなかった」ということで、人事評価にマイナス点をつけて反映させることになります。

ちなみに、コアタイムがないフレックスタイム制を導入した場合は、その会社に遅刻とか早退という概念そのものがなくなってしまうということを指摘しておきたいと思います。

社労士法人ヒューマンリソースマネージメントが提案する対応策

フレックス制を採用するにあたり、具体的にどういう点に注意すればいいかについても説明しておきましょう。

(1)正しいフレキシブルタイムの決め方とは?

ある労働者が「自分は夜型人間だから、夕方6時から朝まで仕事をする」と言って実際に仕事をした場合、前述のとおり、午後10時から午前5時からの勤務に対しては深夜割増を支払う必要が発生してしまいます。加えて、昼夜逆転する生活は、健康管理の観点からも望ましくはありません。会社はこれをやめさせたくても、ルールの決め方によっては、始業・終業時刻はあくまで労働者に委ねているから、会社としてはコントロールできない事態に陥る可能性もあります。

これを防ぐためには、自由に働ける時間帯の幅、つまりフレキシブルタイムをきちんと定めることです。例えば、「朝の5時から午前11時までの間に仕事を始め、午後3時から夜10時までに仕事を終了すること。その間は好きに決めていいですよ」と決めます。つまり「朝5時前とか、夜10時以降はフレキシブルタイムにも該当していないので、この時間は働いてはダメですよ」と、しっかり決めておくべきなのです。

(2)残業時間が増えた社員がいる。どうやって対策すればいい?

フレックスタイム制で難しいのが、会社が残業時間をコントロールすることです。2019年の働き方改革法の施行で時間外上限規制が新たに定められました。会社は、残業時間をこの上限規制ルールの範囲内に収める必要があり、当然のことながらフレックスタイム制の労働者についても上限規制は適用されます。

法律上での建付けは、残業することは「労働者の権利」ではなく、あくまで36協定に基づいて会社が命令するものですので、理屈上では、会社はフレックスタイム制の労働者の残業時間について制限を加える、つまり「これ以上残業してはダメだ」と言えることになります。しかし、フレックスタイム制は、始業・終業時刻を各自の自由裁量に委ねる制度です。つまり、「あなたは今月残業が多いから、今日は15時に帰って下さい」とは言えないのです。日々の始業・終業時刻は労働者の自由に委ね、一方で会社は法律に基づいて日々の労働時間や残業時間を管理する必要があるということです。

このようなフレックスタイム制の長時間労働対策として、何があるでしょうか。例えば、フレックスタイムの労使協定の有効期間を、導入当初は3カ月など短めに設定する方法が考えられます。

一般的には、有効期間を1年とし、かつ労使双方異議がなければ自動更新とする定め方をしているケースが多いのですが、初めて制度導入する際には、フレックスタイム制が自社に本当に合っているかはわかりません。最初はお試し期間として有効期間を短く設定し、かつ自動更新も行わず、クラウド勤怠管理システムを活用してきちんと時間管理を行い、更新のつど自社の働き方にあった内容に変更できるようにしたほうがよいでしょう。

また、同様にクラウド勤怠管理システムを活用し、長時間労働になっている労働者がいるかを確認することも重要です。あまりに残業時間が長い労働者がいるのであれば、フレキシブルタイムの時間帯を短めに設定し、長時間労働に繋がらない努力をするとか、そもそもその労働者についてはフレックスタイム制の対象者から外す検討をすることも必要です。

(3) フレックスタイム制を採用しないという決断も重要

社員の満足度の高い会社にしていかなければ、優秀な人材が定着しない時代になりつつある中、ポストコロナ時代を見据えて、多くの企業がフレックスタイム制を含め、自社内の働き方改革を進めようとしています。しかし、一方的なトップダウンの改革では、社員の満足度の高い会社を作ることはできません。例えば、フレックスタイム制を導入するにしても、流行っているからとか、残業集計が楽になるという安易な発想で制度採用すると逆にトラブルの火種になりかねません。

そもそも、自分の会社がフレックスタイム制にあっているのかどうかを検討しなければなりません。

例えば、ある時間に設定されている会議に必ず出席してもらわなくては困るという人が多い会社には、そもそもフレックスタイム制はそぐわないでしょう。あるいは同じ会社でも部署ごとに働き方が違いますから、フレックスタイム制が適している部署と、そうでない部署を見極める必要も出てきます。

そういう意味では、フレックスタイム制が適している職種はかなり限定されることになります。

例えば、個人の裁量で仕事を進めることが可能なエンジニアとかデザイナー職などなら、フレックスタイム制が向いていますが、複数人でコミュニケーション取りながら進めていく仕事については、フレックスタイム制を導入するのはなかなか難しいのが現実です。

それらを検討したうえで、まず働ける時間帯の中で自由な時間、あるいは必ず会社にいなければいけない時間などを決めて、実情に合ったフレックスタイム制を導入しないとなりません。さらに言うならば、フレックスタイム制を導入するにしても、会社にとっても労働者にとっても満足度の高いものでなければなりません。

そのためにも、自分たちの会社、あるいは部署がフレックスタイム制に適しているかどうかを労使間で話し合うことが大切となってきます。

その際、会社側としてはフレックスタイム制のメリットばかりに目を奪われないようにすることです。よく残業時間の管理が楽になるとか言いますが、前述したように深夜・休日労働を含めた時間管理をもしっかりないと、法律違反を問われかねません。

また、何より、これまで当然のようにやってきた、「何時にこれをやれ」といった業務指示ができなくなってしまうこともあります。そうしたメリット、デメリットを十分に検討し、天秤にかけることが求められるのです。

繰り返しますが、会社にとって都合のいいところだけを見て、まったく法律と合致していない、むちゃくちゃなフレックスタイム制にしている会社も少なくありません。仮に、労働者から訴えられた場合、裁判や労働審判の世界では「それではフレックスタイム制とは言えません」と指摘され、改善するように指導されることになります。

今後、フレックスタイム制は増えていくでしょう。新型コロナウイルスの影響で、在宅ワークが急増し、労働者が１００～３００人規模の中小企業でも、フレックスタイム制の導入を検討するフェーズに入ってきています。

しかし、安易に導入すると、コントロールできなくなる可能性が少なくありません。それだけに、いかに正しいフレックスタイム制を作りあげるかが問われる時代になっているのです。

1カ月単位の変則労働時間制の落とし穴、注意すべきポイントはここだ！

労働基準監督署の視点

原則の労働時間ルールでは、1日8時間・週40時間（この時間数のことを法定労働時間といいます）を超えて働かせてはならないとされています。法定労働時間を超えて働かせる場合は、36協定を締結し労働基準監督署への届出が必要となり、実際に超えて働かせた場合は、時間外割増賃金を支払う必要があります。

よって、例えば1日10時間勤務のシフトを組むことはできません。また、1日10時間勤務した場合、8時間を超える2時間については時間外割増が発生するということなのですが、変形労働時間制では、この法定労働時間を業務の繁閑などに応じて、長くしたり短くしたり柔軟に設定することができます。

例えば、特定した日に1日10時間勤務のシフトを組むことができ、その特定された日には10時間を超えるまでは残業とならず、10時間を超えたらはじめて時間外割増賃金を支払えばよいことになります。

労働者側が柔軟に運用する制度が、前述したフレックスタイム制で、会社側が柔軟に運用する制度が、1カ月単位の変形労働時間制や1年単位の変形労働時間制ということになります。

1カ月単位の変形労働時間制は、1カ月以内の一定期間を平均し、1週間当たりの労働時間が法定労働時間を超えない範囲内において、特定の日、または週に法定労働時間を超えて労働させることができる制度です。この「1カ月以内の一定期間を平均し、1週間当たりの労働時間が法定労働時間を超えない範囲内」という意味は、1カ月間で組むことができるシフトの時間に上限があるということです。

ちなみに上限時間は暦日数によって異なり、28日の月は160時間、29日の月は165・7時間、30日の月は171・4時間、31日の月は177・1時間になります（いずれも10進数表記）。

1カ月単位の変形労働時間制のイメージ（厚生労働省のホームページより）を次ページに転載しておきますが、この制度を導入すれば、例えば1日単位で見ると、所定労働時間が8時間を超えている日があったとしても、割増賃金の支払いが必要な法定時間外の労働にならないということになります。

この制度は、1年単位の変形労働時間制より導入しやすく、例えば飲食店のように月ごとにシフトを組む必要のある企業や、月の中で繁閑差がある部署、あるいは隔週土曜日を

変形労働時間制のイメージ

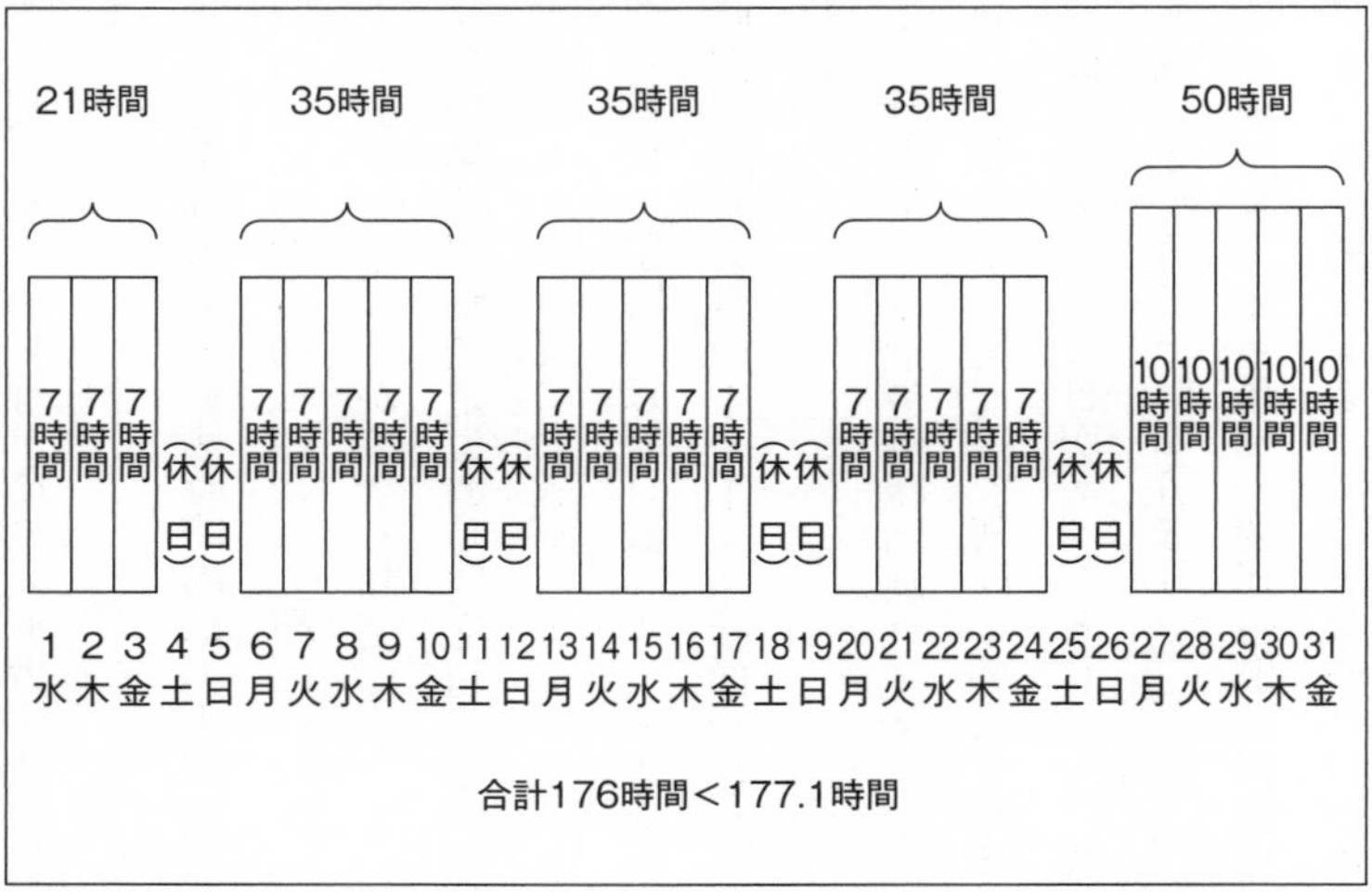

出勤にしたい企業などで多く導入されています。

例えば、1カ月の中でも月初めは比較的暇で、月末だけ忙しいという部署や会社があったとします。そのような場合に、月初めは就業時間を短縮し、その分、月末の忙しい時期に長時間働くという労働のスタイルです。この制度を導入するには、法律で決められた事項を就業規則、もしくは労使協定に定め、労働基準監督署に届出をします（労働者数が10人未満の事業場は就業規則の届け出は必須ではありません）。

【就業規則や労使協定で決めておくべき事項】

①対象労働者の範囲

会社の誰に、1カ月単位の変形労働時

間制を適用するかということ。同じ会社内でも、例えばA部署のみを1カ月単位の変形労働時間制を適用するという定め方も可能です。

②対象期間と起算日

変形労働時間制を運用する期間をどうするかということ。1カ月単位の変形労働時間制は「1カ月以内の期間」とする必要があり、期間を例えば2週間とすることも可能ですが、一般的には1カ月間とすることが多いです。加えて、どの日を起算とするかも定めます（例：毎月1日を起算とする1カ月間とする）。

③労働日、および労働日ごとの労働時間

勤務シフト表などで、どの日が労働日なのか。そして、その労働日の労働時間は何時間なのか。これについて、あらかじめ決める必要があります。就業規則や労使協定には、別途勤務シフト表に定める旨を記載し、都度その月が始まる前までにシフト表を作成することが一般的です。

④労使協定の有効期間

労使協定を締結する場合に必要です。常時10人以上いる会社であれば就業規則を必ず作成しているので、その場合は労使協定を締結するのではなく、就業規則にルールを記載するのが一般的です。就業規則にルールを定める場合は、この項目の定めは不要です。

1カ月単位の変形労働時間制は比較的導入がしやすい制度だけに、実際の運用が間違っているケースがとても多い制度でもあります。例えば、組んだシフトが、1カ月間で組むことができるシフトの上限時間を超えているというケースです。前述したとおり、法律は1日8時間・週40時間を超えて働かせた場合に時間外割増を支払う必要があるところを、法律で定められた一定のルールを守ることを前提に、例外ルールであるこの変形労働時間制を運用していいですよ、という建付けなのです。よって、シフトを組む際に守るべきルールがあるのに、ルールを守らないのであれば、それは正しい1カ月単位の変形労働時間制を運用しているということにはならず、調査に入られたときには是正勧告を出される可能性があるということです。

元労働基準監督官の本音

ある介護施設で、就業規則上1カ月単位の変形労働時間制を採用しており、シフトで事前に勤務日を設定するという手法で制度を運用していました。

長時間労働の問題で訪問したのですが、実際にその会社のシフトを確認したところ、正

あなたの会社の働き方に合った、労働時間の短縮に効果的と思われる労働時間制度を確認してみましょう

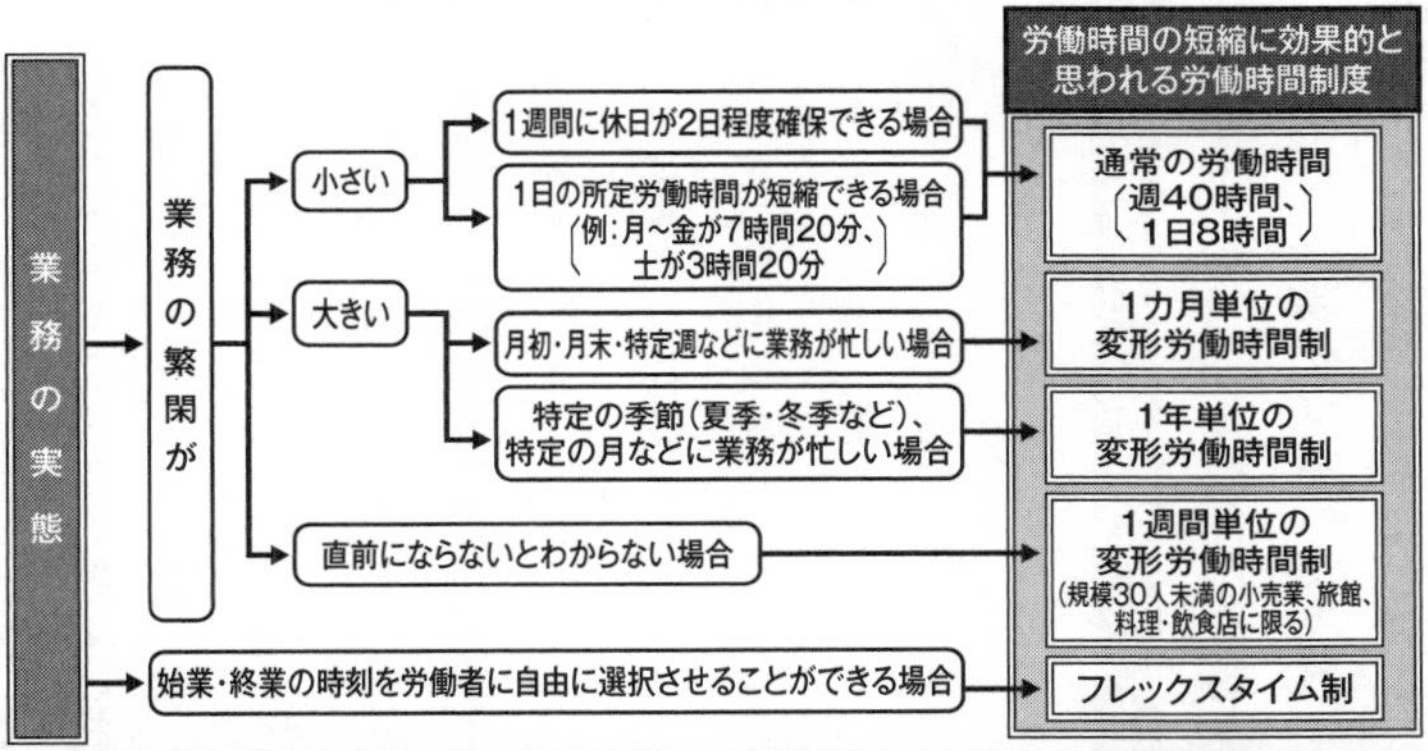

	1カ月単位の変形労働時間制	1年単位の変形労働時間制	1週間単位の変形労働時間制	フレックスタイム制
労使協定の締結	○ ※就業規則への定めでも可	○	○	○
労使協定届出	○	○	○	○ ※精算期間が1カ月以内の場合は不要
特定の事業・規模のみ	―	―	○ 労働者数が30人未満の小売業、旅館、料理・飲食店	―
休日の付与	週1日または4週4日の休日	週1日 ※連続労働日数の上限は原則6日	週1日または4週4日の休日	週1日または4週4日の休日
労働時間の上限	―	1日10時間 1週52時間	1日10時間	―
1週平均の労働時間	40時間 ※特例措置対象事業は44時間	40時間	40時間	40時間 ※清算期間が1カ月以内で特例措置対象事業は44時間
あらかじめ時間・日を明記	○	○	―	―

出典：厚生労働省「時間外労働の上限規制“お悩み解決”ハンドブック」

規職員3名が、1カ月間で組むことができるシフトの上限時間を超えている状況でした。さらに、シフトも月の途中で変更されたりして、週の労働時間が40時間を超える場合も発生していました。

労働時間はシフトの途中で変更できないし、もともとシフトを組む時点で超えているようであれば論外です。そのため、所定労働時間が、法定労働時間である週平均40時間を超過していることに関して労働基準法32条違反の是正勧告を行い、超過している時間やシフトを途中で変更した部分については、割増賃金の支払いを求めました。

その後、割増賃金は支払われたのですが、是正報告にあるシフトを確認したところ、実際には法定労働時間を超過した状況が続いていました。結局、最終是正督促という文書を交付して是正を再度求め、人員増により何とか改善されるようになったというのは、私が人事異動した後、後任者から聞きました。

実務の面から見た社労士法人ヒューマンリソースマネージメントの視点

1カ月単位の変形労働時間制を導入した場合、注意しなければならないことがあります。それは例えば、「当社はこの1カ月という期間を毎月1日から末日までの1カ月として、その中でシフトを組んでいきますよ」という場合、その1カ月が始まる前、例えば12月のシフトはどんなに遅くても11月の末日までに決めなければならないということです。労働者にしてみれば、自分はいつが10時間労働で、いつから6時間労働になるのかということがあらかじめわかっていなくては、プライベートの予定も何も立てられませんから、それは当然のことと言えるでしょう。このシフトの組み方で裁判となり、会社が敗訴した事例について説明したいと思います。

飲食業をチェーン展開する企業Aでは、対象期間を「1カ月間」とする1カ月単位の変形労働時間制を導入しており、就業規則にもその旨が記載されていました。A社のアルバイト社員は学生がメインで、1カ月先の予定が組みにくいという事情もあり、A社では毎月1日と16日頃に、アルバイトにシフトの希望日を確認し、「半月単位」で勤務シフト表を作成していました。A社で働いていたアルバイト社員が、就業規則には「対象期間：1カ月間」と定めているにもかかわらず、半月単位でシフトを作成しているのは違法であると提訴。裁判所では、このようなA社の1カ月単位の変形労働時間制の運用は違法であり、よってA社では変形労働時間制が適用されていないと判決を下しました。

学生アルバイトが多い会社ですと、A社のようにシフトを組むことも十分に理解はできるのですが、残念ながら裁判の場ではこのような会社の事情は考慮されません。法律で定めているルールを、きちんと守れているかどうか。それだけなのです。

では、ルールが守られておらず、1カ月単位の変形労働時間制の適用が無効と判断された場合、どのような影響があるでしょうか。例えば、「1日12時間シフト」を組んだ場合、その会社の1カ月単位の変形労働時間制が法律上のルールに則って運用されている場合は、1日の法定労働時間である8時間を超えても割増賃金を支払う必要はありません。この場合は、12時間を超えて労働した場合に割増賃金を支払えばよいということです。

しかし、運用の不備などで1カ月単位の変形労働時間制の適用が無効となってしまうと、原則のとおり、8時間を超えて労働した時間に対して、割増賃金を支払うこととなります。つまり、原則の労働時間のルール「1日8時間・週40時間」に置き直して、過去に遡って割増賃金を支払わなければいけなくなる（残業代の未払いが発生する）ということです。

社労士法人ヒューマンリソースマネージメントが提案する対応策

よくある1カ月単位の変形労働時間制に関する間違った運用について記載します。このどれかに該当していることがあれば、自社の運用方法は間違っているということです。この場合は、速やかに改めることをオススメします。

（1）残業時間を「月の単位」のみで計算している

1カ月変形労働制の場合、次に挙げるように、「①日の単位」、「②週の単位」、「③月の単

割増賃金の支払い（日の単位）

8時間を超える時間を定めた日
「**その定めた時間を超えて労働した時間**」が、割増が必要な時間外労働

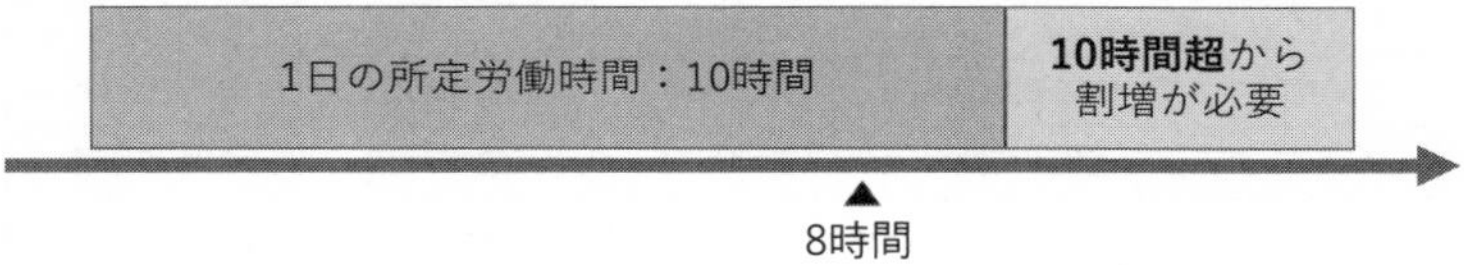

8時間以下の時間を定めた日
「**8時間を超えて労働した時間**」が、割増が必要な時間外労働

位」の３つの単位で、必ず残業時間を計算することになります。

①日の単位での残業時間

就業規則や労使協定で１日８時間を超える時間を定めた日はその時間を超えて、それ以外の日は８時間を超えて労働した時間が残業時間となる。例えば、１日の労働時間を10時間と設定している日は、10時間を超える部分から残業となり、割増賃金を支払う必要がある。

②週の単位での残業時間

就業規則や労使協定で１週40時間を超える時間を定めた週はその時間を超えて、それ以外の週は１週40時間を超えて労働した時間が残業時間となる。その際、①で残業時間とカウントされた時間は除かれる。

③月の単位での残業時間

割増賃金の支払い（月の単位）

月の暦日数ごとに定められている上限時間を超えた時間　　割増が必要な時間外労働

週の法定労働時間	月の暦日数			
	28日	29日	30日	31日
40時間	**160.0時間**	**165.7時間**	**171.4時間**	**177.1時間**
44時間	**176.0時間**	**182.2時間**	**188.5時間**	**194.8時間**

「日の単位」「週の単位」で計算した、割増が必要な時間外労働は除いて計算する

1カ月の法定労働時間の総枠（40時間×対象期間の暦日数÷7）を超えて労働した時間が残業時間となる。その際、①と②でカウントされた時間は除かれる。

このように、1カ月変形労働制の場合は、日で見て、週で見て、最後は月で見るという3つの単位で残業時間を算定しなければなりません。それにもかかわらず、よく見かけるのが、残業時間を月でしか計算していないというケースです。「1カ月で160時間とか170時間を超えたときに残業代を払えばいいんでしょ」と勘違いしている会社は非常に多いようです。

前述のとおり、誤った1カ月単位の変形労働時間制を運用している場合、変形労働時間制の適用そのものが認められなくなるリスクがあります。しかし、このような残業時間の計算は非常に複雑で、紙のタイムカードで勤怠管理を行っている会社であれば、ほぼ不可能に近く、仮にできたとしても、手間と時間が掛かって現実的ではありません。一方で、クラウド勤怠管理システムでは、日々の出退勤打刻を行っていれば、法律基準に則った残業時間の自動集計が可能です。コンプライアンスと業務効率の2つの観点で、クラウド勤怠管理システムを活用することをオススメします。

(2) 勤務シフトを、対象期間の途中で頻繁に変更している

「1カ月単位の変形労働時間制＝会社側が労働時間を柔軟に運用する制度」ですので、運用の仕方によっては労働者の生活が不規則になる可能性があります。ということで、あらかじめ勤務シフトを作成することで労働日・労働時間を特定し、その内容を労働者へ周知する必要がある訳ですが、1度決めた勤務シフトを、会社が業務の都合により変更することが認められるか？　という問題があります。これについては、行政通達で「会社が業務の都合によって、任意に労働時間を変更するような制度は、労働時間を特定するという要件を満たさない」と記載しているのみです。これ以上、具体的な記載がありません。

ちなみに過去の裁判では、「勤務シフトを変更する理由は、天災地変や機械の故障など、緊急やむを得ない理由に限定すべき」というものがあったり、そこまで厳格な運用は求めず「予定していた業務の大幅な変動など、例外的な理由に基づく場合は認める」といった判例もあります。事細かに法律で決められている訳ではありませんが、だからと言って、会社の都合であまり頻繁にシフトを変えるのは避けたほうがいいでしょう。場合によっては、労働基準監督署から「この会社は1カ月単位の変動労働制を適応するにはふさわしく

ない」と判断されてしまいかねません。

なお、シフトの変更ですが、「予定されていた時間を長くする」ケースや、逆に「予定されていた時間を短くする」ケースがあります。また、「予定されていた休みを出勤日にする」ケースや、逆に「予定されていた出勤日を休みにする」というケースもあります。これらのシフト変更を法律的な側面で見ると、次のとおりとなります。

「予定されていた時間を長くする」「予定されていた休みを出勤日とする」ケース

実際に働いているので、当然のことながらその時間に対して賃金を支払う必要がありま す。実労働時間が増えたことで、場合によっては、残業時間として時間外割増を付加して賃金を支払う必要が生じる可能性もあります。

「予定されていた時間を短くする」「予定されていた出勤日を休みにする」ケース

労働者から見ると、本来働くことができる、言い換えると賃金を貰えるはずであった時間が、会社の都合によって賃金を貰えなくなってしまったということになります。この場合、会社都合による休業として休業手当（平均賃金の60％）を支払う必要がありますし、それが原因で労務トラブルに発展した場合は、民法の規定（反対給付の請求権）により100％の賃金を支払うことになる可能性があります。

会社目線で見た場合、前者のケース（予定より長く働かせる。休みに働かせる）では実際に働かせている訳で、賃金を支払っていれば問題ありません。一方で後者のケース（予定より短く働かせる。休ませる）では、実際には働かせていないのに、賃金を支払う必要があるということになります。つまり賃金をコストと考えると、前者のケースのほうが合理的であり、シフトを組む際には労働日・労働時間を少なめに設定したほうがよいということです。

一方で労働者の目線で見た場合、本人がもっと働きたいと考えているのであれば、前者のケース（予定より長く働かせた。休みに働かせる）で特段の問題はありませんが、最近はプライベートの時間を大切にする人も多く、出社を拒否されるか、会社指示に従ったとしても不満が積もる可能性があります。

いずれにしろ、会社の都合で頻繁にシフトを変えることは望ましくなく、あらかじめ就業規則（労使協定）に労働時間を変更する可能性があることや、変更する場合の具体的な理由を明示しておくことは最低限整備しつつも、いったん決めたシフトはよほどのことがない限り変えないようにすべきです。現に、頻繁にシフトを変更している会社ほど、パート・アルバイト、労働者の定着率が低くなりがちです。どうしてもシフトを変更するのであれば、労働者にしっかりと説明し、理解を得ることが大切です。

シフトを組むときなどに、知ってか知らずか、人手が足りない状況の中で、許容される労働時間をはるかに超えたシフトを組んでいるケースはかなりの数に上ります。中には従業員のほうから「休みはいらないから、シフトを入れてくれ」と申し出るケースも多いようです。しかし、過労で倒れるなど何か問題が起きたときに責任を問われるのは、会社であり、経営者です。「背に腹は代えられなかった」「労働者が望んだから」などと言っても認められることはありません。そのことを肝に銘じておくことが必要です。

第四章

最近流行りの労務管理を取り入れるべきか

執筆担当：社会保険労務士法人ヒューマンリソースマネージメント

テレワーク（在宅勤務）ってよく聞くけど中小企業もやるべきなのか？

近年、大会社やＩＴ会社を中心にテレワークを導入する会社が少しずつ増えてきていましたが、まだまだ一部の会社に限られており、周りでも導入している会社はあまりみられませんでした。しかし、新型コロナの世界的流行を機に、特に政府が発出した緊急事態宣言への対応策として、急遽、テレワーク（中でも、在宅勤務）を導入した会社も多く、また、在宅勤務を希望する労働者も増えています。

ただ、一度は在宅勤務を導入した会社も、世の中の状況が一時的に落ち着きを見せると、元に戻した会社も相当数ありました。また、在宅勤務の導入については、地域による差もずいぶんあるようです。地域による産業構造や会社規模、仕事観の違いなど理由は様々考えられますが、都市圏に比べると地方では少ないようです。

しかし、全体の流れとしては、在宅勤務を含めたテレワークを導入する会社は今後も増えていき、おそらく、完全に以前の状態に戻ることはないでしょう。そういう意味では、新型コロナ終息後のポストコロナ時代を考え、テレワーク、特に在宅勤務の導入について、一度は検討しておくとよいでしょう。

在宅勤務制度導入にあたってまず検討すべきポイントは？

新型コロナの拡大による緊急事態宣言を受け、準備する時間的な余裕もなく在宅勤務を始めた会社も多いと思います。しかし、他社が行っているからうちの会社もとりあえずとか、なんとなくとかで導入するようなことは絶対に避けるべきです。

導入を検討する際は、まず目的を明確にし、そもそも、会社にある業務について在宅勤務で可能かどうか整理が必要ですし、行う場合には、対象者は誰にするか、どういう条件で認めるか、在宅勤務時の労務管理はどうするかなど、どのようなルールを定め、運用していくか、諸々の検討が必要です。これらが十分でなければ、労働者の不満になったり、後々の問題の原因を作ってしまう恐れもあります。まずは、在宅勤務ができる環境があるかどうか整理してから始めましょう。

なお、在宅勤務制度を導入した会社から見えてきたメリット・デメリットは次のとおりです。

【在宅勤務制度のメリット】

・業務を整理することによる生産性・効率が上がる
・事業所の通勤圏外も含めた優秀な人材の獲得、定着率の向上
・営業効率の向上

・コストの削減、ペーパーレス化、災害時の事業継続性の確保

【在宅勤務制度のデメリット】

・労働時間管理や健康管理が難しい
・長時間労働になること、それによるメンタル不全
・社内のコミュニケーションが取りづらく、気づきが遅れる
・労務管理・マネジメントが難しくなる

就業規則に何を定めなければいけないのか?

在宅勤務を新たに導入する場合、会社の就業規則の整備が必要です。その際に、次のルールを決めましょう。

①在宅勤務の対象者、②在宅勤務の就業場所、③通信機器や通信費・経費の費用負担、④セキュリティポリシーに則った取り扱い、⑤出勤命令のルールの5つです。

①在宅勤務の対象者を誰から始めるのか

在宅勤務は、全社員を対象とするのか、一部の労働者を対象とするかを決めましょう。

在宅勤務制度が成功した会社は、対象者を狭めた範囲から始め、徐々に広げています。例

えば、育児・介護を行う者から始め、在宅勤務も可能な者、それから全社員へと、徐々に展開していくのです。その際、留意すべき点は、対象外の者でも、在宅勤務の命令ができるようにしておくことです。今回の新型コロナへの対応のように、いざというときに対応できるように、「会社が指示した者」と就業規則に規定しておきましょう。

②在宅勤務の就業場所はあらかじめ決めておきましょう

セキュリティの確保の観点から、自宅のみを就業場所として認めるのがオススメです。また、その他の場所、例えば、親の介護による場合に親の自宅も認めるのか等も検討しておきましょう。最初から広くしておくよりはスモールスタートにしておいたほうがよいでしょう。同様に、「会社が指示する場所」というのも記載しておきましょう。

③割とトラブルの多い、通信機器や通信費・経費の費用負担問題

労働者自らが在宅勤務を希望する場合、パソコンや通信機器等の導入費用について、その費用負担を労働者に求めることもできます。また、会社指示の場合は、会社が負担するのが一般的です。

業務上発生する通信費等については、どちらの場合も、プライベートで使った分との区分が明確でないため、在宅勤務手当といった形で一定額支給する方法もあります。

在宅勤務手当を支給する場合は就業規則に定めます。ただし、その後、廃止や減額にな

ると不利益変更となりますので、十分留意してください。その際、会社の経費であるオフィスの賃料、水道光熱費、通勤費等の削減額を算出し、支給の有無や金額を検討するとよいでしょう。

なお、通勤費については、定期代を支給していた労働者が、在宅勤務になる場合は、出勤日数に応じた実費精算に切り替えるなどの対応がよいでしょう。

④在宅においてもセキュリティポリシーに則った取り扱い

業務に関する情報を社外に持ち出すことになるため、情報漏洩を起こさないよう、PC・ネットワークの物理的なセキュリティの設定もさることながら、まず持ち出し可とする情報や情報の持ち出し方法、取り扱いルールなどを定めましょう。

⑤必要に応じた出勤命令のルール化

本人の希望、会社指示の在宅勤務いずれにおいても、会社の必要に応じて、労働者に出勤してもらえるよう、会社の指示により会社に出勤することを命じられるよう、その旨を記載したほうがよいでしょう。

在宅勤務の労働時間管理はクラウド型勤怠が最適

在宅勤務の場合であっても、オフィスに出勤している場合と同じく、労働基準法などの労働関係法令の適用を受けます。そのため、「労働者の家で仕事をしているとどのくらい働いているか見えづらい」「自宅だから始業・終業時刻は労働者の自由だよね」というのは誤解であり、会社が始業・終業時刻をきちんと定め、在宅勤務の労働者の労働時間についても、適正に把握しなければなりません。また、在宅勤務だからといって、ただちにみなし労働やフレックスを導入できるわけではありません。

解決すべき点やよく聞かれる疑問点を挙げておきましょう。

①現実に起こりうる中抜け時間は休憩時間にしていいの？

所定労働時間内に私用、例えば、育児や通院、役所の手続きなどで仕事から離れる時間、いわゆる中抜け時間は、労働していない休憩時間として扱うことは可能です。ただし、どこからどこまでが休憩なのか、その管理が重要です。そのため就業規則に規定しておくことが必要です。また、一斉休憩の適用除外について労使協定を締結しておく必要があります。

②就労実態が見えず長時間労働になる可能性も

在宅勤務では、労働者が遅くまで仕事をしていてもその様子が見えず、長時間労働となっていることに気づけない可能性もあります。また、夜中に仕事のメール送信だけして、残業していたとアピールしてくる労働者もいるかも知れません。こうした問題を防ぐためにも、時間外・休日・深夜労働を原則禁止、または許可制としたり、メール送信できる時間帯を、例えば、所定労働時間内に限るとし、労働者だけでなく、管理職が部下に送信するメール（業務報告を依頼する等）についても、同様のルールで運用するといった対策を取っておくとよいでしょう。

③実務的な運用面でどのように把握すべきか？

在宅勤務においては、労働時間を手書きで毎日提出させることや、職場に設置した機械で打刻するタイムカードの利用は、物理的に不可能です。クラウド型の勤怠システムやパソコンのログインログオフデータで会社側が把握した時間と本人が申告した時間を相互確認し、認識を合わせておくべきです。

④在宅勤務者とのコミュニケーションの取り方を誤ると離職につながりかねない

労働者とのコミュニケーションにおいても注意が必要です。在宅勤務によって次のような問題が起こりえます。

・メールなど文字だけのやり取りによる受け取り方の違い・誤解が生じる
・孤独感からストレスを感じ、うつ状態になる
・悩みを相談できず課題を抱え続ける
・やる気が起きず仕事をサボる

オフィスで勤務しているときは、気軽にコミュニケーションできていたものが、在宅勤務によって物理的にも心理的にもできにくくなります。普段何気なく行っていることなので、こうした問題を放置しておくと、個々のモチベーション、健康状態の低下につながる恐れがあり、結果として組織全体の生産性等にも影響してきます。

まずは環境の整備として、オンライン会議システムやチャットツールの導入によりコミュニケーションを物理的に取りやすくすることが1つですが、合わせてその活用・運用方法にも次のような工夫が必要です。

・メンター制やバディ制で経験のある労働者と若手労働者をペアにしケアする。
・毎朝決まった時間にミーティングを行い、進捗報告だけでなく、自分の気持ちや出来事などひと言言もらう。
・オンライン会議システムの音声のみ常時オンにしておき、いつでも話しかける状態にしておく。ただし、プライバシーの観点から顔を映しておくことまではさせづらいとしても、顧客対応時などに限定したルールを決めておくとよいでしょう。

環境が用意されれば、活用して問題を解消していける労働者もいれば、そうでない労働者もいることを念頭に、労働者が何も言わないから問題ないではなく、会社側から積極的に関与していくことが大切です。

Coffee Break

最低賃金は会社と自宅の都道府県、どちらが適用されるの？

在宅勤務者を採用し、その人の住まいが会社と別の都道府県であった場合、最低賃金は、どちらの都道府県のものが適用されるかと言うと、これは、会社がある都道府県の最低賃金が適用されます。地方の在宅勤務者を活用する際には、注意が必要です。

在宅勤務は「優秀な労働者を手放さない・採用する」ためのキーワード

そもそも、新型コロナの流行前から、働く側、特に育児や親の介護の問題などを抱える労働者などで在宅勤務のニーズは高まりつつありました。

採用難の時代において、特に中小企業は苦戦を強いられています。そうした中で、育児や介護を理由に、経験を積んだ労働者をむざむざ手放すのはもったいない話です。大事な人材にライフステージの変化があっても継続して勤務できる環境作りが必要です。そのためにも在宅勤務をいかにうまく取り入れていくかが、中小企業の喫緊の課題となりつつありました。

人々の働き方が多様化するに従い、時間については、残業がないとか、育児介護に合わせて時短勤務ができるとか、場所についても、地域限定、転勤がない、自宅勤務という働き方があるなど、個人が元々抱える事情や生活の変化に応じて継続して働ける職場に注目が集まっていることを前提に考えるべきでしょう。

在宅勤務を導入し、成功した例を紹介しておきましょう。岡山県のとある中小企業では、コロナ禍前から在宅勤務を導入しており、最初は介護や育児のために時間が必要な労働者向けに在宅勤務を導入して、その後、全社に展開したところ、残業時間が減って、生産性が上がり、求人すると定員に対して１００％超の応募者がくるようになったとのことです。少し話はそれますが、地方の会社で、オンライン面接を取り入れたところ、応募者が増えたという事例もあります。勤務だけでなく、採用においても従来式の対面式では、遠くて行けない、時間がないといった問題をＩＴで解決できたという事例もあります。

在宅勤務が障害者雇用と相性がいい、その訳は？

会社にとっての課題として耳にすることも多い、障害者雇用と在宅勤務の相性の良さについて触れてみましょう。

労働者が一定数以上の規模の会社は、労働者に占める身体障害者・知的障害者・精神障害者の割合を「法定雇用率」以上にする義務があるとされています。2021年3月1日から法定雇用率が2・3%に引き上げられ、対象となる事業主の範囲は、従業員45・5人以上から43・5人以上に広がりました。

しかし、中小企業にとってはたいへんです。例えば、身体に障害がある労働者を受け入れるには、車椅子が通れるスロープを作るとか、お手洗いに手摺りをとり付けるなどが必要ですが、会社によってはそれが難しい場合もあります。そこで活用できるのが在宅勤務です。障害者の方々の働く場を広げる意味でも検討してみてはいかがでしょうか。

副業（兼業）は認めるべきか？　まずは最新のトレンドを読み解こう

働き方改革が進む中、注目されているのが「副業」（兼業）の解禁というトレンドです。実態としては、副業を希望する労働者が増える一方で、これを認める会社は少ない状況です。そのため政府は、普及促進を図っており、2018年1月に、「副業・兼業の促進に関するガイドライン」を策定（2020年9月改定）し、原則、副業・兼業を認める方向で検討するよう、会社側に求めています。

さらに、厚生労働省では、モデル就業規則も更新しています。従来は、副業・兼業について、「許可なく他の会社等の業務に従事しないこと」と記載していた部分を「労働者は、勤務時間外において、他の会社等の業務に従事することができる」と変更するなどしています。

実は、政府がこうしたガイドラインを出す以前から、副業を解禁する会社が大会社を中心として出現し始めていました。労働者にとっては、副業ができることは魅力的でしょう。政府も推進しているように、主体的なキャリアの形成、自身の可能性に挑戦でき、自己実現を追求できる。また、それらにより所得が増えることなどが期待できます。

ただ、このように主体的・積極的に取り組める人ばかりでなく、現実的には、勤務している会社の業績が伸びず、あまり賃金上昇が見込めず、残業代も減少しているといった境遇の下、ある意味、受動的・消極的ながらも取り組まざる得ない人もそれなりにいると考えられますが、そうした人たちにとっても望ましいことと言えるでしょう。

副業解禁の狙いは各社様々と思いますが、会社にとっての副業を解禁するメリット、デメリットは次のようなものが考えられます。

【副業解禁のメリット】

・労働者に社内では得られない知識・スキルを身につけさせられる
・労働者の自律性・自主性を促すことができる

モデル就業規則（抜粋）

このモデル就業規則の規定例は、あくまでも副業・兼業に関する規定の一例であり、各企業において必ずこの規定例どおりの規定にしなければならないという性質のものではありません。

（副業・兼業）
第６８条　労働者は、勤務時間外において、他の会社等の業務に従事することができる。
２　会社は、労働者からの前項の業務に従事する旨の届出に基づき、当該労働者が当該業務に従事することにより次の各号のいずれかに該当する場合には、これを禁止又は制限することができる。
① 労務提供上の支障がある場合
② 企業秘密が漏洩する場合
③ 会社の名誉や信用を損なう行為や、信頼関係を破壊する行為がある場合
④ 競業により、企業の利益を害する場合

● モデル就業規則の規定の解説

1　本条は、副業・兼業に関するモデル規定であり、就業規則の内容は事業場の実態に合ったものとしなければならないことから、副業・兼業の導入の際には、労使間で十分検討するようにしてください。副業・兼業に係る相談、自己申告等を行ったことにより不利益な取扱いをすることはできません。この「副業・兼業」については、他の会社等に雇用される形での副業・兼業のほか、事業主となって行うものや、請負・委託・準委任契約により行うものも含むことに留意が必要です。なお、労働契約であるか否かは実態に基づいて判断されます。労基法の労働時間規制、安衛法の安全衛生規制等を潜脱するような形態や、合理的な理由なく労働条件等を労働者の不利益に変更するような形態で行われる副業・兼業は、認められず、違法な偽装請負の場合や、請負であるかのような契約としているが実態は労働契約だと認められる場合等においては、就労の実態に応じて、労基法等の規定の適用を受けることになります。

2　労働者の副業・兼業について、裁判例では、労働者が労働時間以外の時間をどのように利用するかは基本的には労働者の自由であることが示されていることから、第１項において、労働者が副業・兼業できることを明示しています。
なお、どのような形で副業・兼業を行う場合でも、過労等により業務に支障を来さないようにする観点から、就業時間が長時間にならないよう配慮することが望ましいです。

3　労働者の副業・兼業を認める場合、労務提供上の支障や企業秘密の漏洩がないか（※１）、長時間労働を招くものとなっていないか等を確認するため、第２項において、労働者からの事前の届出により労働者の副業・兼業を把握することを規定しています。特に、労働者が自社、副業・兼業先の両方で雇用されている場合には、労基法第３８条等を踏まえ、労働者の副業・兼業の内容等を把握するため、次の事項を確認することが考えられます。
・　他の使用者の事業場の事業内容
・　他の使用者の事業場で労働者が従事する業務内容

また、労働時間通算の対象となるか否かの確認を行い、対象となる場合は、併せて次の事項について確認し、各々の使用者と労働者との間で合意しておくことが考えられます（※２）。
・　他の使用者との労働契約の締結日、期間
・　他の使用者の事業場での所定労働日、所定労働時間、始業・終業時刻
・　他の使用者の事業場での所定外労働の有無、見込み時間数、最大時間数
・　他の使用者の事業場における実労働時間等の報告の手続
・　これらの事項について確認を行う頻度

出典：厚生労働省「副業・兼業の促進に関するガイドライン」

・優秀な人材の獲得・流出の防止ができ、競争力が向上する
・労働者が社外から新たな知識・情報や人脈を入れることで、事業機会の拡大につながる

【副業解禁のデメリット】

・労働者が本業に支障を来す恐れがある
・労働時間の把握や健康管理が煩雑となる
・情報漏洩リスクがある
・人材の流出につながりやすい

会社としては、デメリットを考えると、どうしても慎重にならざるを得ませんが、副業解禁に対する労働者側のニーズは、今後さらに高まっていくと考えられます。なぜなら、特に若い世代は、自由度の高い会社を好む傾向が強いためです。これに対し、会社としては、労働者から「多様な働き方を認めている先進的な会社だ」というイメージを持ってもらい、それにより人材の採用・定着に効果が現れることを期待して、副業解禁に踏み切る会社も増えていくでしょう。ただし、世の中の流れがそうだからと言って、安易に副業解禁に踏み切るのは、やはり危険です。会社側が新たに負うことになる労働時間の把握や健康管理などの業務負担は、想像以上に大きいものだからです。

自社の副業制度はどうする？　まず整理すべきは労働時間の管理方法だ

会社が労働者の副業を認めるとどういったことが問題になるかというと、時間管理がとても煩雑になるということです。

労働者が副業を行う際は、労働者として働くか、フリーランス（請負・準委任契約）で行う場合があります。ここでは、労働者として副業を行うケースについて記載していきます。

また話を整理するため、例えばA社の労働者がB社で副業を行う場合、A社を「本業先」、B社を「副業先」として、以下、解説していきます。

労働基準法第38条では、「労働時間は、事業場を異にする場合においても、労働時間に関する規定の適用については通算する」としています。つまり、そもそもの本業先と副業先の労働時間を通算しなければなりません。通算した結果、労働基準法に定める法定労働時間（1日8時間、1週40時間）を超えて労働させた場合には、会社は、自社で発生した法定外労働時間について、労働基準法が定める割増賃金（125％）を支払う必要があります。

例えば、次ページの図のように、労働者が本業先である甲事業場と「1日の所定労働時間8時間」という労働契約を結んでいたうえで、新たに副業先である乙事業場と「1日の

副業制度における労働時間の考え方

甲事業場：8時間	乙事業場：2時間
労働時間が法定労働時間（8時間）に達する	乙事業場で行う2時間の労働は法定時間外労働になる

所定労働時間2時間」という労働契約を結んだとします。

そして、同じ日に、甲事業場で法定労働時間の8時間を働いたのち、乙事業場で2時間働いたとすると、副業先である乙事業場で働いた2時間には割増賃金が発生します。なぜなら、その日の労働時間が通算して10時間となり、法定労働時間の8時間を超えることになるためです。

このように所定労働時間を合計した際に、すでに1日8時間超えている場合は、副業先が割増賃金を支払う必要があります。

これは、副業先が労働者の労働時間が8時間を超えることを承知のうえで労働契約を結んでいるはずだから、副業先が負担するのが妥当という考え方です。そのため、同じ日に労働させる場合、副業先の乙事業場で先に労働し、その後、本業先の甲事業場で労働した場合でも、割増賃金を負担するのは副業先の乙事業場ということになります。

社会保険労務士でも悩む、本業先の時間管理は複雑怪奇

本業先でも1日の労働時間が8時間を超えれば、当然、残業代は発生し

本業先で割増賃金が発生する例

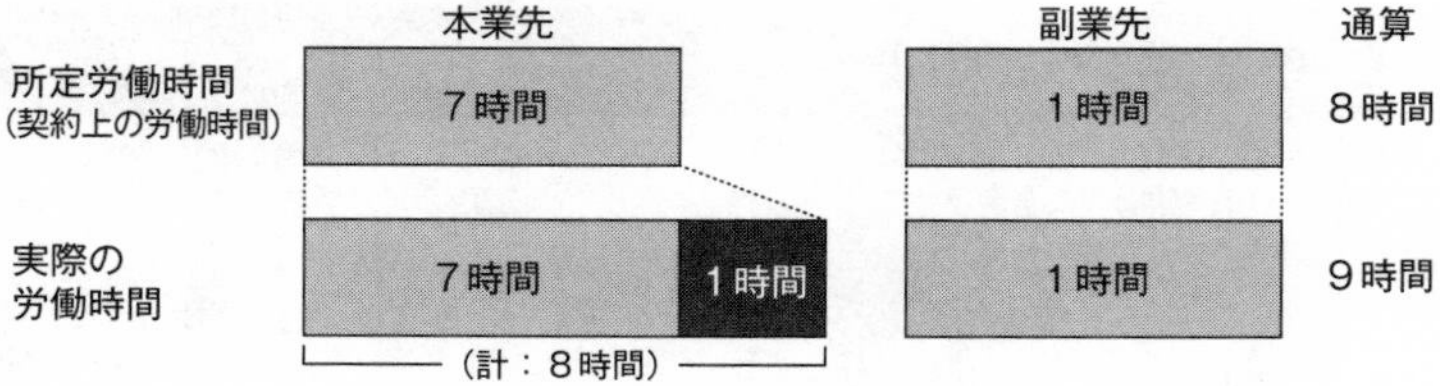

ます。また、本業先での所定労働時間数が1日8時間未満でも、副業先の所定労働時間数や、両方の会社での働かせ方によっては、本業先での1日の労働時間数が8時間を超えなくても割増賃金が発生するケースがあるため、注意が必要です。

例えば所定労働時間が、本業先で7時間、副業先で1時間の場合、同じ日に両方の会社でそれぞれで勤務がある場合、本業先で8時間労働させた場合は、7時間を超えた1時間分については、割増賃金（125%）の支給が必要となります。本業先が、労働者の所定労働時間数が両方の会社で、合せて合計して8時間を超えることを知ったうえで残業させているのだから、本業先が払うべきということです。

これだけでもだいぶ複雑ですが、ここに週や月の話（1カ月の変形労働制を導入している場合など）が入ってくるとさらに複雑となります。

これらをきちんと行うためには、両方の会社で、いずれにおいても、他社での所定労働時間や実際の労働時間を把握する必要がありますが、本人の申告がベースとなることもあり、どちらの会社においても、現実的には、それらをきちんと把握・管理するのは難しく、手間の掛かるものとなるでしょう。

時間外の上限規制は通算されるの、されないの？

次に、長時間労働の問題です。特に正社員が仕事を2つ掛け持ちすることになれば、労働時間は長くなりがちです。

この際に注意しなければならないのが、時間外上限規制との兼ね合いです。まず、36協定は事業場ごとに締結しますので、36協定で定めた残業の上限時間（月45時間や年360時間、特別条項を設けた場合の年720時間）については、両方の会社での労働時間は通算されず、あくまでそれぞれの事業場における労働時間で見て管理します。

上限規制と労働時間通算規定の対応

通算した労働時間が**適用される**規定
○法定労働時間 ✓１日８時間 ✓週40時間
○法律による上限 ✓複数月平均80時間 ✓月100時間未満
通算した労働時間が**適用されない**規定
○法律による上限（原則） ✓月45時間 ✓年360時間
○法律による上限（特別条項） ✓年720時間

一方で、「時間外労働＋休日労働は、単月100時間未満」「時間外労働＋休日労働は、2～6カ月平均80時間以内」のルールについては、労働者個人の実労働時間に着目し、その労働者個人を使用する会社を規制す

るものであるため、こちらについては、両方の会社での労働時間を通算して見る必要があるのです。つまり、「副業で何時間働こうと、労働者の自由だろう」「何時間働いていようが会社は関係ない」ということにはならないということです。

社会保険・雇用保険の副業における意外な落とし穴

社会保険は、会社ごとに加入要件（週の所定労働時間数が正社員の4分の3以上など）を満たすかどうかで判断します。つまり、本業先と副業先で所定労働時間を通算しないということです。

そのため、両方の会社で加入要件を満たす場合、例えば、本業先で加入対象の労働者が、副業先で1日10時間で週3回勤務する場合などは、副業先でも加入対象となります。

雇用保険についても、同じく、会社ごとに加入要件を満たすか否かを判断されます。両方の会社での所定労働時間は通算されません。

ただし、本業先と副業の両方で加入要件を満たす場合は、その労働者が生計を維持するに必要な主たる賃金を受ける雇用関係についてのみ対象となるとされています。本業先を退職したとしても、副業先で一定時間（週20時間以上）勤務している場合は、失業手当（求職者給付）を受けられません。

Coffee Break

社会保険の今後はどうなるの？

社会保険については、２０１６年10月から常時５０１人以上の被保険者を使用する会社（特定適用事業所）では、正社員の所定労働時間の４分の３未満の労働者でも、次の要件を満たす場合は社会保険に加入対象となっています。

・週の所定労働時間が20時間以上
・賃金の月額が８・８万円以上
・学生でない
・雇用期間が継続して1年以上見込まれる

さらに、図のように適用範囲が拡大されていく予定です。これにより、今まで副業先では、適用要件を満たさなかった労働者も、両方の会社で要件を満たす人が増え

厚生年金法改正ポイント

2016年10月～	2022年10月～	2024年10月～
週の所定労働時間20時間以上	週の所定労働時間20時間以上	週の所定労働時間20時間以上
月額賃金が月8.8万円以上（年間約106万円以上）	月額賃金が月8.8万円以上（年間約106万円以上）	月額賃金が月8.8万円以上（年間約106万円以上）
学生でない	学生でない	学生でない
雇用期間が1年以上見込まれる	雇用期間が2か月超見込まれる	雇用期間が2か月超見込まれる
501人以上の企業	101人以上の企業	51人以上の企業

ていくことが見込まれます。

雇用保険については、2022年4月1日より、65歳以上の者で、両方の会社でいずれも週所定労働時間が20時間未満であっても、通算して20時間以上であれば、本人の申し出により対象とすることができるようになります。

労災保険のルールが変わった！　抑えておくべきポイント

長時間労働などが原因で労働者が過労となり倒れたといった場合、労災や会社の責任はどうなるのでしょうか？

まず労災保険については、本業先であろうが副業先であろうが、労働者を雇う以上は労災の対象にしなければならないことは当然ですが、問題なのは、どちらに責任があるかです。

例えば、職場でケガした場合などは、どちらでの問題か比較的明確にしやすいでしょう。

しかし、働き過ぎによる過労などの場合は、それぞれの事業場では、労働時間がそれほど長くなくても、通算すると長時間労働となっており、それが原因で発生することも考えられます。そうした場合、これが労災にあたるかどうか、まず両方の会社ごとに、労働時間

ルールが変わった労災保険

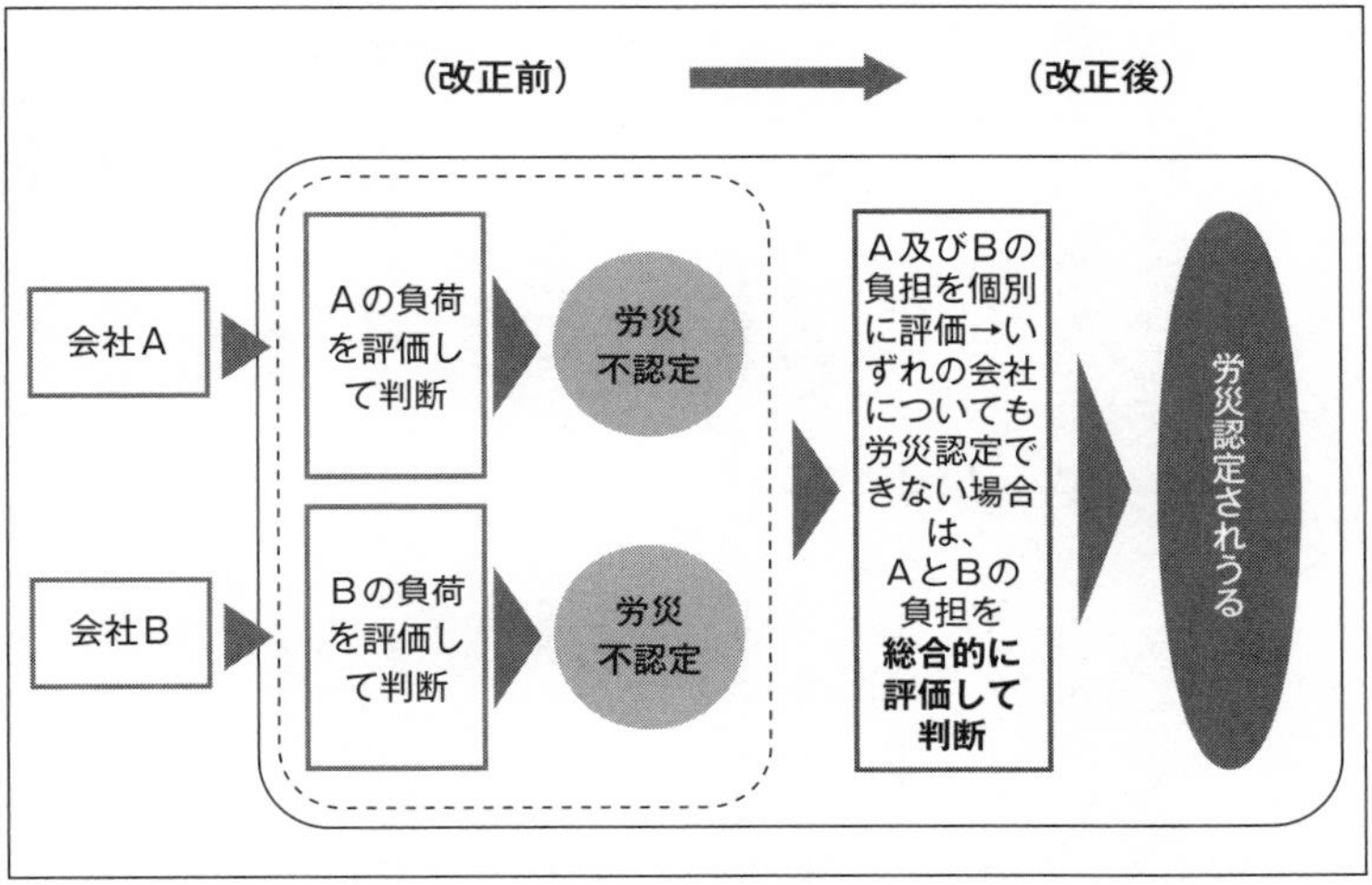

など業務上の負荷を見て総合的に判断されます。

副業先での業務上の負荷によって労災認定された場合は、副業先に労基法上の災害補償責任が発生し、本業先は責任を負いません。

また、両方の会社でそれぞれの負荷のみでは業務と疾病等との間に因果関係が認められないが、両方の会社での業務上の負荷を総合して評価した結果、因果関係が認められる場合、両方の会社では、いずれも労働基準法上の災害補償責任を負わないとされています。ただし、労災が発生した場合に、会社が問われる責任は、労働基準法上の災害補償責任だけでなく、民法での不法行為責任、債務不履行責任（安全配慮義務など）など様々な責任を問われる可能性があるため注意が必要です。
なお、労災認定された際の給付金も、両方の会社の賃金を合わせて給付金の算定が行われるようになりました。

Coffee Break これからはパート・アルバイトの採用も安易に決めるべからず

ここまで記載してきたように、労働時間や残業代など、副業先・本業先で通算して管理が必要なものが数多くあります。そのため、特に、パート・アルバイト採用をする際には、どこか別の会社で働いていないかどうか、働いている場合は何時間働いているかを確認しておかなければ、実は、残業代を払わなければいけないことにも気づかずに、後でトラブルになるおそれがあります。

他で働いていることを確認したうえで雇い入れる場合は、他社での所定労働時間や実際の労働時間を把握したうえで、自社の労働時間と通算してから、割増が必要となる時間を算出し、賃金の支払いをする必要があります。

ハードルの高さは十分理解した。それでも副業は認めなければいけないの？

会社は労働者から副業をしたいと言われた場合、認める必要があるでしょうか？　副業は世の中の流れがあり、もともと法律上でも副業を禁止することはできません。判例でも、会社の労働時間以外の時間をどのように利用するかは基本的には労働者の自由とされています。

ただし、例外的に、次の４つに該当する場合は、会社は労働者の副業・兼業を禁止または制限することが認められています。

・十分に休息が取れず、遅刻や欠勤が増えたり、仕事中の居眠り、集中力が散漫になり生産性が低下、事故を起こすなど労務提供上の支障がある場合
・会社の技術やノウハウ、顧客情報など業務上の秘密が漏洩する場合
・同業他社での勤務や労働者自身が本業先と同じ事業を行うなど競業により自社の利益が害される場合
・自社の名誉や信用を損なう行為や信頼関係を破壊する行為、例えば、自社や顧客の誹謗中傷、あるいは不法行為などがある場合

そもそも会社は、労働者から申告されない限り、労働者が副業を行っているかどうかを

副業・兼業の促進に関する届出様式例

副業・兼業に関する届出様式例

〇年〇月〇日

副業・兼業に関する届出

〇〇〇株式会社（事業所名称）

●●　●●　殿（使用者氏名）

就業規則第〇条の規定（／労働契約書の記載）に基づき、私　■■　■■（労働者氏名）は、以下のとおり、副業・兼業について届け出ます。

1　副業・兼業の形態：□　雇用　（事業所の名称等を２～５に記入）
□　非雇用（業務の内容：　　　　　　　　　　　）

2　事業所の名称：株式会社△△△
事業所の住所：◆◆県◇◇市▲▲＊－＊－＊

3　2の事業所の事業内容：〇〇〇〇
従事する業務内容：〇〇〇〇

4　労働契約締結日等：〇年〇月〇日
契約期間：期間の定めなし　／　期間の定めあり（〇年〇月〇日～〇年〇月〇日）

5　所定労働時間等：（所定労働日）　月　火　水　木　金　㊏　㊐
（所定労働時間）　1日〇時間、週〇時間
（始業・終業時刻）　00：00～00：00
（※上記の内容が記入されたカレンダーを別途添付するなどの方法も可。）
所定外労働時間：1日〇時間、週〇時間、1か月〇時間　／　なし
（見込み）　（※所定外労働時間には上記2の事業所における休日労働の時間も含む。また、見込みとは別に最大の時間数が定まっている場合はそれぞれ括弧で記載する。）

6　確認事項　***※必要に応じて労働者に確認する事項の例***

☑　上記1～5の事項に変更があった場合、速やかに届け出ます。また、これらの事項について、会社の求めがあった場合には、改めて届け出ます。

☑　所定の方法により、必要に応じ上記2の事業所での実労働時間を報告するなど、会社の労務管理に必要な情報提供に協力します。
（＊所定の方法の例としては、時間外労働の上限規制の遵守等に支障がない限り、①一週間分を週末に報告する、②所定労働時間どおり労働した場合には報告等は求めず、所定外労働があった場合のみ報告する、③時間外労働の上限規制の水準に近づいてきた場合に報告するなどが考えられる。）

出典：厚生労働省「副業・兼業の促進に関するガイドライン」

知ることができませんが、いくら副業は本人の自由とは言え、労働者から副業について申告等をしてもらい、会社側でも判断できるようにしておきましょう。

また、前述のとおり、労働時間の管理、残業代の支払い、健康管理上の観点からも、ガイドライン上は「望ましい」との記述に留められていますが、実務的には行っておくべきでしょう。

例えば、副業先が同業でないか、副業先でどんな仕事をするのか、労働者として働くのか、フリーランスなどとして働くのか、労働者として働く場合には、時間管理や健康管理の問題も絡んでくるため、副業先での所定労働日、所定労働時間、始業・終業時刻に加え、所定外労働の有無、有の場合は、その見込み時間数、最大時間数など確認しておくことが必要です。

また、「実労働時間数等の報告については週1回はメールで報告」といった報告内容や方法に加え、申告内容全体についての確認を月1回行うなど、あらかじめ対象者に申告させ、確認をしておきましょう。そして就業規則に、ルールが守れない場合に限り副業を禁止する旨を定めておきましょう。

今後、外国人労働者を雇用せずに会社を経営していけるのか

現在、人手不足を感じている会社はもちろん、10年先を見据えた際に、現在の人員で会

社経営を継続していけるかどうか、不安を抱えていない中小企業は少数派ではないでしょうか。

製造業や小売業、宿泊業やサービス業で外国人労働者を見かける機会も増えていると思いますが、医療福祉や教育学習支援業などでも外国人労働者の雇用状況は増加傾向にあります。ＩＴ業界では、若年労働者不足や高度な人材を採用するために、外国人労働者を積極的に受け入れる会社も増えつつあります。また、グローバル展開を計画している会社にとっては、さらに激化する国際競争の中で、より高度な知識と技能を持った優秀な人材の確保も喫緊の課題です。

今でこそ、新型コロナウイルスの影響で求人難問題も影を潜めていますが、収束した暁には、求人難が再燃することは確実です。

人員不足は会社にとって死活問題ですので、事業規模や会社風土、職種など、様々な事情はあれど、メリット、デメリットを踏まえて、人手不足の解消方法の１つとして、外国人労働者の受け入れを検討すべき時期に来ています。

外国人雇用がクローズアップされる背景と現状

国籍別外国人労働者の割合

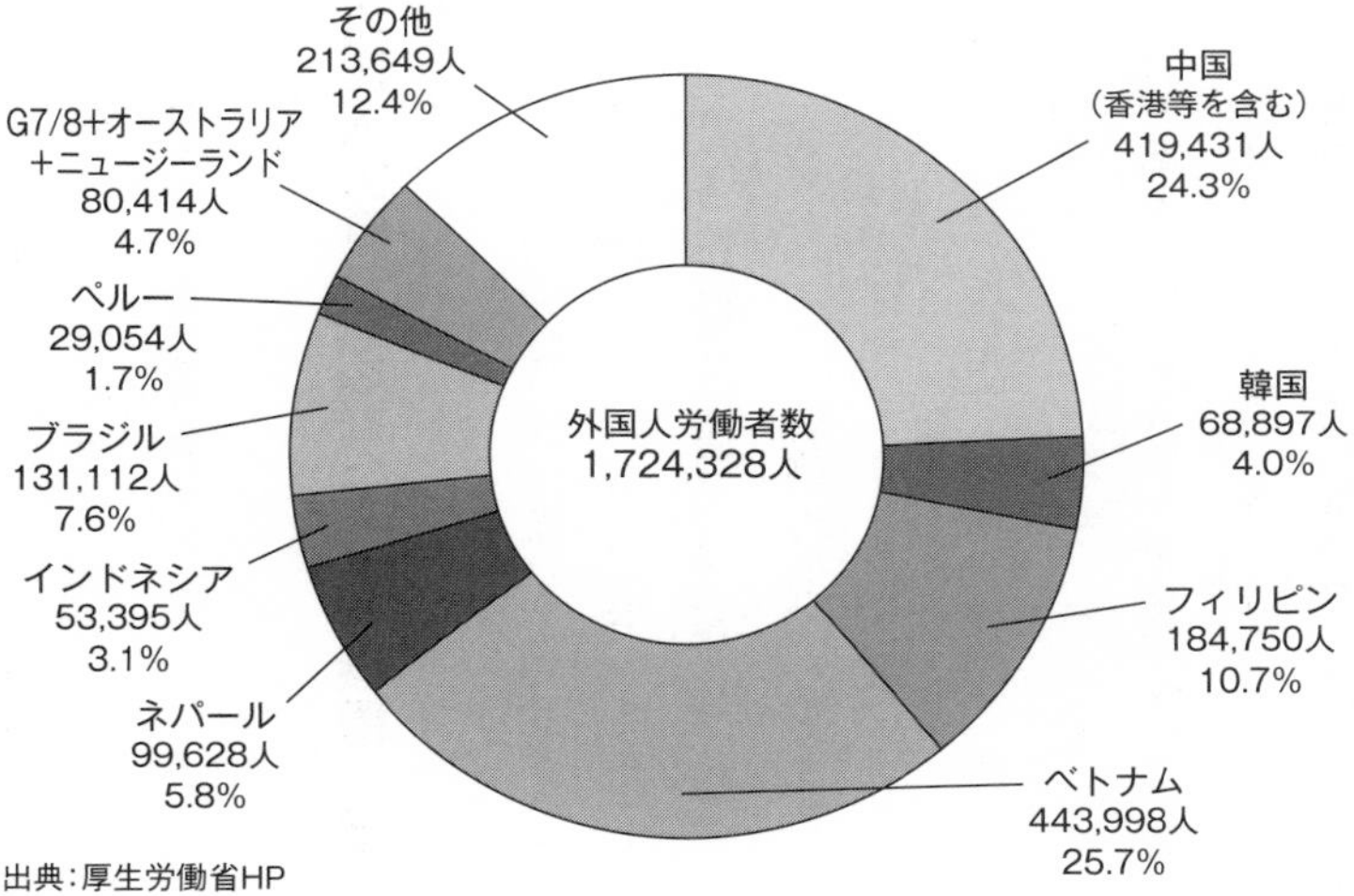

出典：厚生労働省HP

厚生労働省が発表した「外国人雇用状況」によると、２０２０年10月末時点で、日本で働いている外国人は前年比４％増の約１７２万人で、過去最高を更新しています。

その内訳は、ベトナムが中国を抜いて最も多くなり、ベトナム約44万人、中国約42万人、次いでフィリピンの約18万人となっています。

こうした外国人労働者が増えている背景には、大きく2つの背景があります。

製造業などで単純労働力としての人員不足の解消を目指す会社と、若年労働者やエンジニア不足を補おうとする会社です。

そのような会社の中には、現地法人で

現地採用し、必ずしも来日して仕事をしなくても良いような環境作りを行っている会社や、他社に先んじて、現地の日本語学校に会社のアピールをしたり、社内の共用言語を英語にしているような会社もあります。

外国人労働者が増えている職種、都道府県などの特徴とは？

外国人の就労先は「製造業」が約48万人と最も多く、全体の28％を占め、次いで「卸売業、小売業」（13・5％）、「宿泊業、飲食サービス業」（11・8％）などの比率が高くなっています。また、在留資格別では、「身分に基づく在留資格」（31・7％）が最も高く、次いで「技能実習」（23・3％）、「資格外活動（留学含む）」（21・5％）となっており、国籍別に見ると、ベトナムやインドネシアでは「技能実習」の割合が高く、フィリピンやブラジルでは、「身分に基づく在留資格」、中国や韓国では、「専門的・技術的分野の在留資格」の割合が高くなっています。

一方、都道府県別では、東京、愛知、大阪など、首都圏中心の就労割合が高いものの、他方、増加率を見ると、福井県（13・3％増加）、群馬県（13・1％増加）、大阪（11・6％）人の順となっています。福井県では、「技能実習」と「身分に基づく在留資格」での就労割

在留資格別外国人労働者数の推移

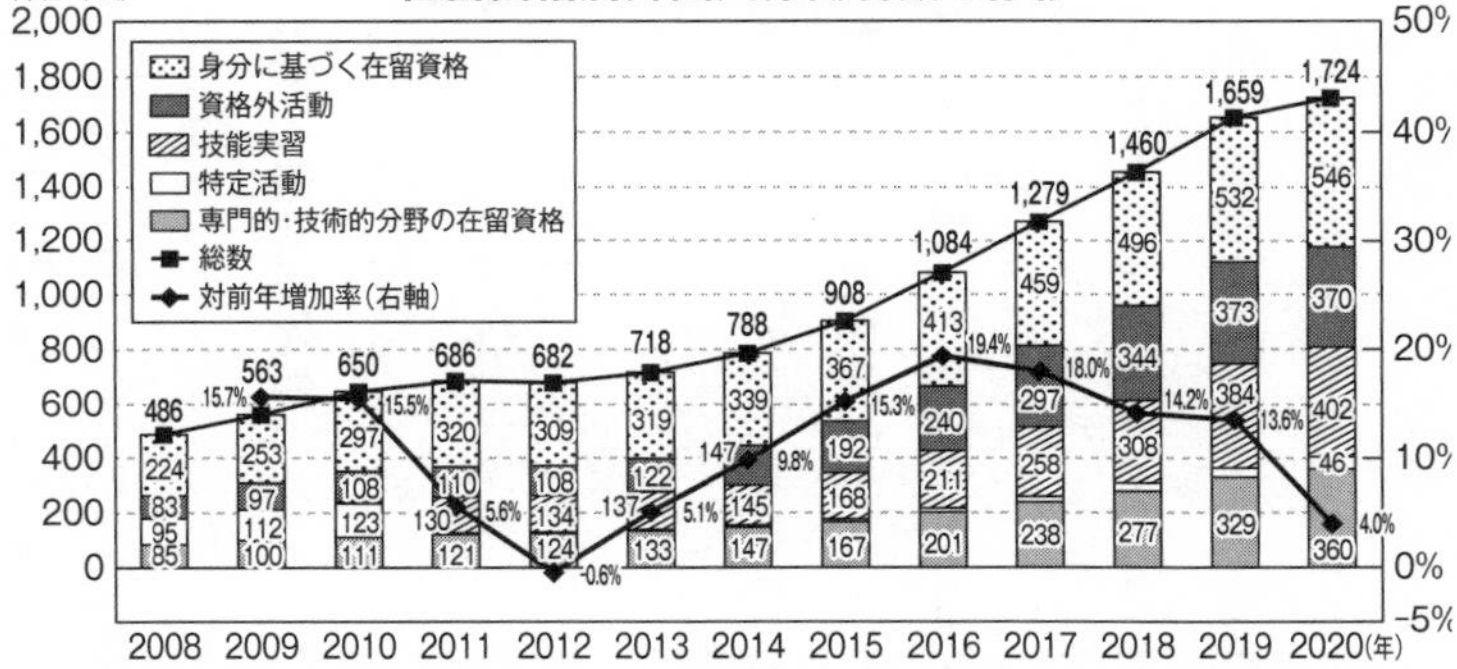

注1：「専門的・技術的分野の在留資格」とは、就労目的で在留が認められるものであり、経営者、技術者、研究者、外国料理の調理師、特定技能等が該当する。
注2：「身分に基づく在留資格」とは、我が国において有する身分又は地位に基づくものであり、永住者、日系人等が該当する。
注3：「特定活動」とは、法務大臣が個々の外国人について特に指定する活動を行うものである。
注4：「資格外活動」とは、本来の在留目的である活動以外に就労活動を行うもの（原則週28時間以内）であり、留学生のアルバイト等が該当する。
出典：厚生労働省HP

合が約9割を占めており、群馬県では、直近5年間で、外国人労働者数は倍増しています（出典：厚生労働省「外国人雇用状況の届出状況まとめ」に基づく集計）。

これらの資料に鑑みて、考察できることは、地方での外国人雇用の増加の背景には、深刻な人口減少を受けて、定住者や永住者など、身分に基づく在留資格による就労者数の増加に取り組んでいることや、技能実習生の増加により、これまで受け入れていなかった地域でも、農業、製造業、建設業での就労が伸びているということが考えられます。

上のグラフを見ていただいても明らかなように、今後、外国人労働者を活用することが当たり前のような状況になりつつあり、採用するための課題や取り組み方、また、採用後のトラブルの予防方法や定着方法なども、検討をしていく必要があります。外国人労働者を採用した企業からわかってきたメリット・デメリットは次のとおりです。

【外国人労働者採用のメリット】

・人材不足を解消できる
・若い労働力を確保できる
・異なる視点からの発想が期待できる
・社内環境が活性化する
・グローバル展開への足掛かりが期待できる

【外国人労働者採用のデメリット】

・滞在資格や就労資格など法律関係の理解が煩雑になる
・日本語以外の言語での社内整備のコストがかかる
・労働の内容や労働時間に対する価値観の違いからのトラブルが起きる可能性がある
・文化や習慣の違いからのトラブルシューティングが必要になる
・就労ビザの取得に時間がかかる。

外国人労働者の採用に何が有効か？

外国人労働者を募集する方法は、日本人と同様に、ハローワークや人材紹介会社を利用する方法があります。また、新卒の留学生の採用を考えている場合は、日本語学校や大学に求人を出す方法もあります。この場合、数年間、日本の学校で日本語の授業を受けており、また日本人との交友もある人なので、採用後の教育コストはかなり小さくなるメリットがあります。

中にはＳＮＳを利用して直接声掛けをしたり、オフィスの会議室の一部などを外国人向けに開放し、実際に自社の労働者と交流してもらうことで会社を知ってもらう機会を設けたり、コミュニティ作りから始めてもらうというような取り組みを始めている会社もあります。

ただし、求人を掲載する場合にはいくつか注意点があります。会社によっては、特定の言語、例えば中国語が話せる人が欲しい。ということもあるでしょうが、国籍を限定してしまうと、人種差別、人権侵害と捉えられかねませんので、できるだけ避けたほうがいいでしょう。また、せっかく良い人材を見つけて採用しようとしても、在留資格がなければ就業させることはできません。在留資格によって就業できる業種が決まっているので、面接時に、必ず在留資格を確認するようにしましょう。

外国人を雇用する際に特有な質問事項はこれだ！

ある国の出身者は割と日本人の気質に近くて、仕事に真面目に取り組んでくれるし、日本人の同僚ともうまくやっていけるのに対し、ある国の出身者は。よくも悪くも向上心が非常に高いため、出世や給料の額にこだわり、自分がやりたい仕事を任せてもらえなかったり、少しでも給料が高い会社があれば、すぐに転職してしまうなどの違いがあります。もちろん、個人個人の性格による部分も多いのでしょうが、そうしたお国柄による違いをわかったうえで雇用しないと、結局「うまくいかないな」で終わってしまうことになります。そのため、最低限、文化や言語の違いの相互理解をしつつ、会社としての許容範囲を見極めましょう。

例えば、イスラム圏の外国人を採用する際には、礼拝のための部屋を用意できるかどうか、ラマダンの時期の対応方法をあらかじめ取り決めておく必要があります。中国人を採用する場合には、旧正月の過ごし方などを確認しておくと良いでしょう。また、食文化の違いも理解しておく必要があります。就労前時に、次ページのようなヒアリングシートを用意しておくことも良いでしょう。

わりと起こりがちな外国人労働者の失踪事件。この対策を講ぜよ

新入社員を採用するにあたって、日本人相手なら、わりと身元保証人を求めますが、外国人を採用する場合、それを省略しているケースも見受けられます。

しかし、万が一、仕事中に倒れたり、亡くなったりした際に誰に連絡すればいいのかわからないのでは困ります。そういう意味では、外国人労働者を採用するときには、日本人同様、しっかりと身元保証人を立ててもらうべきでしょう。

とはいえ、外国人の場合、身元保証人になってもらえる人が限定的になりがちなので、単純労働であれば、緊急連絡先程度の身元保証、売り上げを集金するなど金銭を扱う業務や、機密情報を取り扱うような業務の場合は、賠償責任まで言及した身元保証といったように、職務内容により区分けした身元保証制度を設けるという方法も良いでしょう。

外国人労働者の採用に際してはどうしても在留資格など法的要件ばかりに目が行きがちですが、労務管理に関しても相応の注意が必要です。

就労直前アンケート

Interview Sheet for International Candidates

就業環境整備のため、以下のアンケートにご協力をお願いいたします。回答したくないものについては、回答しなくても構いません。また、ご回答いただいた内容を第三者に開示することはありません。

To improve our working environment, we would like to ask for your cooperation in completing the following questionnaire. If you do not wish to provide an answer, simply move on to the next question. We will not disclose the content of your answers to any third party.

◆仕事についてお聞きします。

Questions regarding your job:

1．今後、仕事をする上で、どんなことを重視したいですか。（複数選択可）

▫ 給料のベースアップ　☐ スキルアップ　☐ 人間関係　☐ ワークライフバランス（仕事と生活の調和）

▫ その他（　　　　　　　　　　　　　　　　）

1. What do you consider important in your future work? (Multiple choices allowed)

▫ Increase in Base Salary ▫ Improving skills
▫ Human relations ▫ Work-life balance
Others (　　　　　　　　　　　　　　　　)

2．日本語以外で使える言語をお答えください。（　　　　　　　　　　）

2. What languages do you speak, other than Japanese?
(　　　　　　　　　　　　　　　　)

3．今後も日本で働き続けたいと思いますか。（はい・いいえ）

3. Do you want to continue working in Japan in the future? (Yes / No)

◆日本での生活状況などについてお聞きします。

Questions regarding your living situation in Japan:

4．買い物や生活する上で、日本語に不自由はありませんか。（あり・なし）

4．Do you find any difficulty in using Japanese for shopping or living? (Yes / No)

5．日本国内に、困りごとがあった際に、頼れる方はいますか？（はい・いいえ）
はいの場合はどのような方でしょうか。

5. Do you have anybody in Japan you can rely on when you need help? (Yes / No)
If yes, who would that be? (　　　　　　　　)

6．日常生活で困ったときに、相談できる人を用意することもできますが、希望しますか。（はい・いいえ）

6. We can also provide you with someone to talk to when you have problems in your daily life. Would you like that? (Yes / No)

7．息抜きするときはどんなことをしていますか。
(　　　　　　　　　　　　　　　　　　　　)

雇用契約書を交わすときの注意事項は？　書類は日本語でもいいの？

雇用契約書や就業規則など、重要な書類は、できれば外国人労働者の母国語で作成しておくことが望ましいですが、用意できないようであれば、日本語で構いません。ただ、トラブルが起きやすい労働条件については、雇用契約書だけでも、最低、日本語と英語、できれば、日本語、母国語、英語で用意しておいたほうがいいでしょう。

外国人の場合、給与から引かれる項目についての質問も多いので、税金や社会保険料の項目については、説明も加えておいたほうがよいでしょう。過去にも外国人労働者から、勝手に給与から控除したとトラブルを耳にすることにあったので、このあたりの準備も怠らないようにしましょう。

また、残業の有無や待遇面、仕事内容は丁寧に説明しておき、各項目について、説明を受け、内容を理解したというチェックボックスを設けることで、後々、「そんな仕事は聞いていない」というようなトラブルの防止策も効果的です。

外国人だからということで、意図的に、あるいは勘違いであっても労働条件を下げることはアウトです。

実は、外国人労働者のネットワークはかなり緊密で、こういった情報が漏れてしまい、同じ国籍の外国人からの応募が止まってしまったり、また、他社で就労している外国人労働者から「そんな会社辞めて、うちに来いよ」と言われ、引き抜かれてしまうというケースも割と耳にすることが多いのも事実です。

フォロー体制の充実で優秀な外国人労働者を確保する

外国で生まれ育った人の場合、たとえ、母国の学校で日本語を学び、日本語検定の一級や二級を持っていたとしても、それでは不十分です。彼らが学んだのはあくまでも試験のための日本語で、仕事の場で十分に意思疎通ができるわけではないからです。

そこで、外国人を受け入れる会社は、仕事で必要な言葉とか、生活習慣、日本の文化など、丁寧に教える必要が生じます。そうしなければ、せっかく入社してもらっても、日本の生活に馴染めないまま、ストレスを増大させ、国が恋しくて帰ってしまったり、仕事でパフォーマンスを発揮してもらえないということになってしまいます。

また、日本人以上に、キャリアパスの明確性を重要視する傾向が強いこともあり、そういった説明を事前にしておくことも重要です。ほかにもオススメしたいのは、外国人労働者の管理職登用です。外国人を管理職に登用することで、他の外国人労働者の定着率や、求人などにも寄与する可能性が高いからです。

そして最後はやはり〝人づきあい〟です。お世話になったとか、面倒を見てくれたなどという、人間的な触れ合いの部分は、最近の日本人より強い傾向があります。

最近、「会社の慰安旅行なんて面倒だし嫌だ」という日本の若者もいますが、外国人労働者の中には、「慰安旅行は楽しかったし、正月の社長の激励にすごく感激した」という人が少なくありません。そういう意味では、特に外国人労働者に対しては、仕事ばかりではなく、人と人との繋がりまで考慮しつつ、人間を育てていくのだという意識が必要なのではないかと思います。最近では、日本人でも福利厚生の充実が入社理由の上位になってきています。

ある水産加工会社の例を挙げておきましょう。

その会社では、毎年4月1日に会社を休業して、全社員をディズニーランド連れて行くのが恒例となっていますが、そのとき、家族を連れてきてもいいことになっています。それが外国人労働者にとっては非常に好評だと言います。

また、同社では、ラインの責任者にあえて外国人労働者を立てています。彼は主任係長、そして課長へと昇進を果たしましたが、「この会社では、外国人でも頑張れば先が見えるんだ」ということをしっかり見せています。

さらに誕生日には、会社が実績を上げた外国人労働者や家族にプレゼントを贈呈しています。たいしたことではないと言いますが、そうすることで外国人労働者は「私の会社は私と私の家族を大切にしてくれている」と感じ、その結果、フレンドリーな関係を築くことができているのです。

優秀な外国人労働者を自社に定着させるために、ぜひ参考にしていただきたい事例ですが、外国人労働者のみなさんとウィンウィンの関係を築くためにはやれることは積極的に取り入れるべきです。

自分の都合のみを考えず、相手の気持ちや事情を考慮してきちんと対応してあげる。仕事をしてもらうからには、外国人だろうが日本人だろうが関係なく、適正に評価する……。そんな姿勢が必要なのです。

第五章

従業員満足度の高い会社から見えてきたもの

執筆担当：社会保険労務士法人ヒューマンリソースマネージメント

コンプライアンス意識が高い経営者に優秀な社員が集まる

就業規則とは、働く上でのルールを定めたものであり、その会社における憲法といっていいでしょう。一般的に、就業規則には始業・終業の時刻や休憩時間、休日・休暇に関する事項、表彰や懲戒事由などの制裁に関する事項、退職に関する事項などを定めますが、それらに影響を与える労働関連法は毎年のように改正があります。しかし、会社で定めている就業規則が、最新の法改正に対応していないといったケースが意外と多いのです。

また、就業規則とは、労働者がその会社で働く上で守らないといけないルールであると同時に、会社が労働者を雇う上で守らないといけないルールでもあります。つまり、労使双方の約束事が記載されているものになります。労働者が安心して働けるためにも、就業規則は数年ごとに見直すのではなく、少なくとも年1回は見直すべきでしょう。

当社が考える「コンプライアンス意識が高い」とは、最新の会社のルール、つまり就業規則の内容が、労働者にとってわかりやすく書いているということでもあります。これまで多くの会社の就業規則の見直しに携わったことがありますが、その会社の就業規則を拝見させていただくと、例えば、パート・アルバイトの就業規則がなく、パート・アルバイトの方が自分に適用されるルールについてどこを見ればよいのかわからないケースや、実際の運用とは異なるルールが就業規則に定めてあるケース。他には、就業規則に記載している内容が曖昧で、人事総務担当者や、古株の先輩などに別途確認しないと正確なルールがわからないケースなどが意外と多いです。

中には、内容がわかりやすい云々以前の問題で、就業規則を自社の金庫や鍵の掛かるキャビネットなどに保管していて、そもそも労働者が内容を確認できないというケースもあったりします。就業規則は会社経営の根幹にも関わる情報でもあるので、気持ちはわからなくはないのですが……。

しかし、それではまったく意味がありません。

このような会社で、はたして労働者は安心して働くことができるでしょうか？　労使双方の約束事である就業規則がわかりやすく記載されていて、その内容がきちんとオープンになっている。つまり、労働者に対してフェアな会社には、最近は優秀な人が集まり、そして労働者の定着率が高くなる傾向にあります。

【コーヒーブレイク】 就業規則の社内周知の方法は？

就業規則は、作成しただけでは労使間のルールとしての効力は発揮しません。会社は労働者に対して内容を周知させなくてはならないのです。

就業規則を労働者に周知する方法について、労働基準法に「事業場内の見えやすい場所に掲示し、または備え付ける」「書面を労働者に交付する」「PC等の機器にデジタルデータとして記録し、労働者がいつでも見られるようにする」とし、これらの方法で、労働者に周知しなければならないと定めています。

一部の事業場にのみ備え付けられていたり、一部の労働者にのみ開示しているケースでは、ここでいう周知したということにはなりません。また、口頭のみで説明し、書面で見ることができないという状態も、周知したということにはなりません。

例えば、労働者が全員パソコンを使った仕事をしているのであれば、社内の掲示板やフォルダにPDFファイル等で保存し、労働者がいつでも見られるようにしておく方法がよいでしょう。店舗にパソコンが1台しかないなど、労働者がパソコンをいつでも操作できる環境ではない場合であれば、更衣室や休憩室などに印刷した就業規則をファイリングして置いておく方法がよいでしょう。

会社は雇入れ時に労働条件通知書で渡すな！

労働基準法には「会社が労働者を採用するときには、賃金、労働時間、その他の労働働条件を書面などで明示しなければなりません」と定められています。そのため、雇入れ時に「労働条件通知書」を作成して渡している会社が多いようですが、労務トラブル防止の観点からは、労働条件通知書は渡すべきではありません。

雇用契約とは、会社と労働者の双方が労働条件について、きちんと合意することによって成立する契約です。事実、労働契約法には「雇用契約は、労働者および会社が合意することによって成立します」とあります。そして、労務トラブルは「言った・聞いていない」といった、労働条件の認識の違いから生じるものがほとんどです。労働条件通知書とはその名のとおり、会社が労働者に対して労働条件を一方的に「通知」するための書面ですが、労務トラブルを防止するためには、単に「通知」をするのではなく、合意の証拠として書面を残すべきであり、その書面とは「雇用契約書」になります。

しかし、どんなにしっかりと作成した雇用契約書であったとしても、時間の経過とともに会社・労働者双方の記憶が薄れ、お互いの認識にズレが生じる可能性があります。「内容を誤解していた」「見落としていた」、さらには、「会社の就業ルールが変更されたことに気づかなかった」などというのは、まさにその典型例です。

そのような認識のズレを防ぐためにも、有期契約の労働者の契約更新時はもちろんのこと、契約期間の定めのない正社員であったとしても、雇用契約書は雇入れ時のみだけでなく、1年に1回取り交わすことをオススメします。雇用契約書をコミュニケーションツールとして活用し、社員1人ひとりとしっかり膝を突き合わせて、労働条件を確認しましょう。毎年きちんと雇用契約書を取り交わし、労働条件について同意してもらうことで「内容を誤解していた。見落としていた。ルールが変更されていたことに気づかなかった」といったことは防げるのではないでしょうか。

そして、雇用契約書を取り交わすときは、いったん持ち帰ってもらい、翌日以降に提出してもらうようにしたほうがよいでしょう。

雇用契約書を渡したその場で、署名・捺印をしてもらおうとすると、「あの雇用契約書は、内容を確認する時間も与えられず、合意を強要されたから、無効だ！」と、労働者に主張される可能性があります。労働者が束縛されない状況の中で、雇用契約書の記載内容について、きちんと確認できる時間を十分に取ってあげることが大切です。その上で、社員が雇用契約書の記載内容について合意し、署名・捺印したということが、形として残るようにしましょう。

労働者目線の勤怠形態を提示できるか？

従業員満足度の高い会社を目指すうえで大切なのが、「労働者目線の勤務形態を提示できるかどうか」です。従来の働き方では、労働者は、会社が決めた始業・終業時刻や勤務場所などのルールの中で働くことが求められました。つまり、労働者が会社に合わせる必要がありました。

例えば、育児休業明けだが子供を預けるところがない、子供が病気がちである、親の介護を行う必要があるなど、やむを得ない家庭の事情によりフルタイムで働けないと労働者が申し出た場合、「うちは8時間働けないと正社員ではない。パートかアルバイトになってくれないだろうか」などと切り出す会社がほとんどであり、納得する、しないはおいておき、労働者は提示された労働条件の中で選択する必要がありました。もちろん、正社員からアルバイトに変更させることについて、会社に悪意があったわけではありません。これまで働いてくれた縁もあるし、辞めてほしくないのだけれども、「正社員たるものフルタイムで働くものだ」と思い込んでいただけです。

働き手の意識変化に対応できているか?

一方で、これからの働き方は、労働者それぞれのライフステージに合わせた環境や制度を、会社が提供できるかどうかが、とても大事な時代になってきます。

新型コロナウイルスが流行したことをきっかけに、在宅勤務などのリモートワークが当たり前になり、それにより人々の働き方に対する考え方が変わり、また働き方の選択肢が大きく広がりました。新型コロナウイルスが終息しても、こうした流れは収まるどころか、今後ますます強くなっていくでしょう。

社員が年齢を重ねていき、特に団塊世代の親が高齢になっていけば、ますます介護の時間を必要とするようになりますし、また若い労働者も「在宅勤務であれば、子育ての時間を取れる」として、育児の時間をもっと確保したいと希望する人も増えるでしょう。

とても興味深いアンケート結果がありますので、紹介したいと思います。一般財団法人雇用開発センターが行った、就職活動をしている大学生を対象としたアンケートの中に、

「就活生が就職するにあたって重視すること（求めること）」を聴いた質問があります。２０１６年と２０２０年卒の就活生の、上位４位について記載します。

〈2016年3月卒の就活生〉
1位：給与・年収（60・1％）
2位：福利厚生が充実している（48・3％）
3位：勤め先の場所（44・8％）
4位：仕事のやりがい（42・2％）

〈2020年3月卒の就活生〉
1位：やりたいことができる（43・9％）
2位：福利厚生が充実している（34・3％）
3位：仕事内容が魅力的（27・9％）
4位：給料が高い（20・7％）

かつては、就職先を選ぶ際に重視することの1位は断トツで給料でしたが、２０２０年調査では、たった20％ほどしかありません。給料以上に、やりがいや福利厚生を重視していることが読み取れます。

金銭的コストを掛けることだけが福利厚生ではない

この福利厚生ですが、保養所を用意するとか、手当を増やすといった金銭的コストを必要とするものがまず頭に浮かぶ人も多いと思いますが、そうでないとダメという訳ではありません。例えば、年次有給休暇が取得しやすい職場環境としたり、在宅勤務などの労働者目線の勤務形態を提示したりするといったことでも、十分に福利厚生を充実させることは可能です。

そのような働き手の意識の変化に、会社はどう対応するかで、その会社に社会が向ける目も変わりますし、何より労働者の会社に対する満足度も大きく変わってくるでしょう。家庭の事情によりフルタイムで働けなかったとしても、実際今は、優秀な人ならフルタイムでなくてもいいから正社員として働いてくれという企業が増えていて、すぐに再就職先を見つけていきます。

一方、そんな人が辞めた会社がすぐに優秀な人を採用できるかというと、なかなか難しいのが現状です。いくら募集をかけてもいい人材が応募してこないと頭を抱えている会社は少なくありません。

だからこそ、今いる人材を大切にすべきですし、それぞれのライフステージに合わせて働ける環境を整えていくことが大切なのです。当然、そうした制度はきちんと就業規則に定めて、労働者にいつ見せても恥ずかしくないようにしておくべきです。

御社の年次有給休暇取得率は何%ですか?

今、大学では、就職指導課で学生向けに労働基準法を教える機会を設けているところが増えています。例えば、労働基準監督署の監督官や社会保険労務士に、学生向けのセミナーで労働基準法を教えてくれと依頼してくるケースが増えています。

その結果、学生たちは就職する前から、年次有給休暇という制度が法律にあり、半年間働けば、10日間の権利を取得できることや、有給休暇を取得することは当然の権利であり、取得する際に理由がなくても問題ないことなどを学んでいます。

そのため、採用試験の面接の場で、昔なら「離職率はどうなんでしょうか」などと当たり障りのない聞き方をしたものですが、今の学生は単刀直入に、「御社の有給休暇の取得率は何%ですか?」とか、「有給休暇の平均消化日数は何日ですか?」と当たり前のように聞くようになっています。

仮にそこで採用担当者が具体的な数字で答えられなかったり、口ごもったりするようだと、「この会社って有給休暇を取らせたくない会社なのかな」と感じ、その会社に入社することを敬遠しがちです。

ご存じのとおり、2019年4月から、年10日以上の年次有給休暇が付与される労働者に対して、有給休暇の日数のうち5日について、付与日から1年以内に、会社は労働者に対して取得させることが義務づけられました。ここで知っておくべき制度があります。

有給休暇をどの日に取得するかは、労働者が自由に決めることが大原則となっています。一方で、労使協定を結ぶことを前提として、会社側が有給休暇を取得する日を計画的に与えられる「年次有給休暇の計画的付与制度」という制度があります。

この制度は、1987年の労働基準法改正時に設けられたものですが、会社と過半数労働組合または労働者の過半数代表者との間で労使協定を結ぶことを前提に、有給休暇のうち5日を超える部分について、時季を指定して計画的に有給休暇を割り振れると定めています。つまり、年次有給休暇の付与日数が10日の労働者に対しては5日、20日の労働者に対しては15日までを計画的付与の対象とすることができます。

例えば夏休みを設ける場合、「今までは3日でしたが、それに加えて今年はあなた方が

年次有給休暇の計画的付与制度の導入例

8月　夏季休日、土日祝日と計画的付与を組み合わせて連続休暇に

日	月	火	水	木	金	土
				1	2	**3**
4	5	6	7	8	9	**10**
11	12	13	14	15	16	**17**
18	19	20	21	22	23	**24**
25	26	27	28	29	30	**31**

（薄い網掛け）は夏季休日、（濃い網掛け）は年次有給休暇の計画的付与

持っている有給休暇の３日を使ってください。それに土日を合わせれば９連休になります」などということも可能です。また、法律的に決まっている有給休暇を消化していない労働者に対しては、会社側から、「時季指定」という形で有給休暇をとるように促すことも可能になりました。例えば、有給休暇をまだ４日しか取得していない労働者に、「年間５日取得できていないし、来週の金曜は暇そうだから、有給休暇を使って休んでよ」と相談をもちかけ、労働者が承諾すれば、会社が主導する形で有給休暇を消化させることが許されています。

あるいは、「夏休みと言ってもどこかに行く計画もないから、有給を使いたくな

い」という労働者に対しては、「それでは、7月から9月までの間に必ず有給休暇を2日とってください」と、時季を限って有給休暇の消化を促すことも許されています。

ちなみに、会社主導で有給休暇を取得させる「計画年休」や「会社の時季指定」については、法律で認められる制度ではありますが、当然のこととして会社はその制度を利用できるわけではありません。計画年休は前述のとおり、労使協定の締結が必要で、加えて、計画年休と会社の時季指定ともに、就業規則にその制度を会社が利用する旨の記載が必要なのです。いざというときに、会社がこれらの制度を利用できるようにするために、現時点で利用するかしないかにかかわらず、就業規則には制度を規定することをオススメします。

年次有給休暇の取得単位は「1日単位」が原則のところ、就業規則にルールを定めることで「半日単位」での取得を認めたり、労使協定を締結することで「時間単位」での取得を認めることも可能です。なお、2019年4月からスタートした年次有給休暇5日取得義務は、「時間単位」で取得した場合は5日にカウントされません。よって、5日取得義務を問題なくクリアしているのであれば、労働者の満足度や利便性向上のために時間単位年休を導入するのもよいでしょう。しかし、有給休暇の取得日数をアナログで管理している会社の場合、時間単位年休を導入することで、管理がとても煩雑になります。この場合、クラウド勤怠管理システムを活用することで、付与日数や残日数（残時間数）を自動的に管理することが可能になります。

休日を増やさず、休みを増やす効果的な方法をご存じですか？

最近は、仕事・プライベートの時間をしっかり切り替える人が多く、休みをきちんと取得できたり、休日数が多い会社が選ばれる傾向が強くなっています。

就業規則で、法律上与える必要のある最低の休日数としている場合、その日数自体は何ら法違反でもないですが、若者の間では「ブラック企業」という烙印を押されかねない時代です。そこで、求人対策や労働者の満足度向上のため、休日数を増やすことを検討する会社もあるのですが、単純に休日数を増やすことは注意が必要です。なぜなら、単純に休日数を増やしてしまうと、残業代単価が上がってしまうからです。

残業代単価は122ページで説明したように、その労働者に支払う賃金÷月平均所定労働時間で求めます。そして、分母の月平均所定労働時間は、365日から就業規則で定める休日数を引き（＝年間所定労働日数）、その数に1日の所定労働時間を掛け（＝年間所定労働時間数）、その数を12カ月で割ることで求められます。つまり、1日の所定労働時間数を変えずに年間休日数を増やすということは、月平均所定労働時間数が減る。つまり、残

休日と休暇の違い

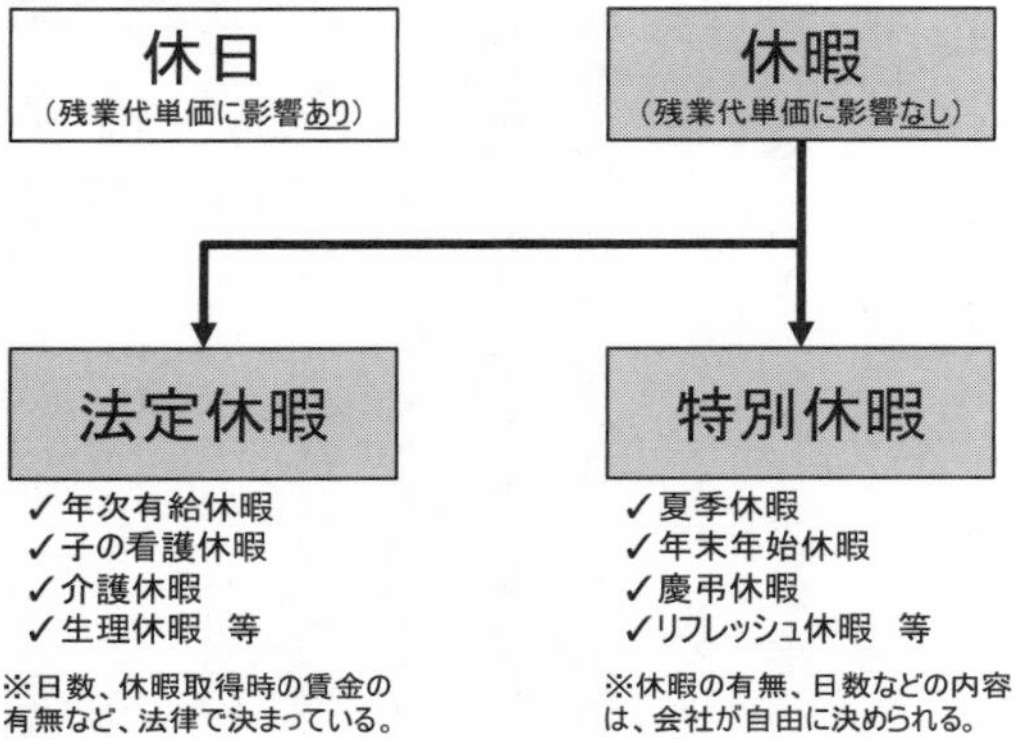

業代単価が増えることを意味するのです。

そこでオススメする方法は、「休日」ではなく「休暇」を増やす方法です。休日と休暇は、いずれもお休みという意味では同じなのですが、労働法の世界ではまったく意味が異なるものです。

休日とは「労働義務がない日」を意味し、休暇とは「労働義務はあるが、働くことを免除された日」を意味します。そして、その「休暇」には、年次有給休暇のように与え方・与える日数などについて法律でルールが決められているものと、夏季休暇や年末年始休暇、慶弔休暇などのように、与えるか与えないか、与えるなら誰に与えるか、何日与えるか、休暇中の賃金を支払うか否かなどを会社が自由に決めても問題のない「特別休暇」の2種類の休暇が存在します。

休日は残業代単価計算に影響しますが、特別休暇は残業代単価計算に影響しません。このように特別休暇をうまく活用することで、残業代単価を上げずに、休みの日数を増やし労働者の満足度をアップさせることができるのです。

なお、特別休暇を設ける際に注意すべき点があります。それは、就業規則を作成するときに、「休日」ではなく「特別休暇」の条文をきちんと設けることです。自社で特別休暇を新たに設けても、就業規則の「休日」の条文の中に規定してしまっては、せっかくの特別休暇を「休日」と定義していることになってしまいます。

Coffee Break

最近よく耳にする「健康経営」って、中小企業は取り組むべき？

最近、ニュースやテレビなどで「健康経営」というキーワードを目にする機会が増えました。「健康経営」とは、労働者等の健康管理を経営的な視点で考え、戦略的に実践する経営手法のことです。企業理念に基づき、労働者等への健康投資を行うことは、労働者の活力向上や生産性の向上等の組織の活性化をもたらし、結果的に業績向上や株価向上につながると期待されています。

このような説明を聞くと、「これって大企業が取り組むものですよね？」と勘違いされる人が多いのですが、優秀な人材の採用・定着率向上、社員満足度の向上のためにも、中小企業こそが取り組むべきものであると考えます。

なお、健康経営の中では、プレゼンティズムとアブセンティズムという2つのキーワードがあります。プレゼンティズムとは、会社に出勤しているにもかかわらず、心身に健康上の問題があって、パフォーマンスが上がらない状態を指します。アブセンティズムとは、心身に健康上の問題があって、遅刻や早退、欠勤や休職により働けない状態を指します。ともに会社にとって取り組むべき問題ですが、生産性向上のためにプレゼンティズムに対する改善をアプローチすることが、健康経営の大きな目的です。

この健康経営ですが、会社として何かまったく目新しいことを取り組む必要はありません。本書で今まで説明してきました、残業時間の削減や年次有給休暇の取得率アップ、そして例えばリフレッシュ休暇などの特別休暇を設けるといった取組みで十分なのです。ただし、これらの取組みをしても、それが労働者や求職者などに伝わっていなければ意味がありません。企業として健康経営に取り組んでいることをアピールするためにも、まずは健康宣言（経済産業省の認定制度）に手を上げたり、安全衛生優良企業認定ホワイトマーク（厚生労働省のホワイト企業に対する認定制度）に取り組んでみてはいかがでしょうか。

定着率が高い会社は女性にフェアな会社が多い

２０１５年11月の第１９５回国会で、当時首相だった安部晋三氏は「一億総活躍社会」を掲げ、「女性が輝く社会、お年寄りも若者も、障害や難病のある方も、誰もが生きがいを感じられる『一億総活躍社会』を創り上げます」と所信表明演説をしました。そして２０１６年4月には、「女性の職業生活における活躍の推進に関する法律」（女性活躍推進法）が施行されました。日本における女性の就業率は、現在7割近くまで上昇していますが、その内訳を見ると非正規社員が約6割を占めているなど、未だ多くの課題を残しています。このような中、女性活躍推進法が改正され、従来は常時雇用する労働者数が３０１人以上の企業に対して、①行動計画を策定・届出すること、②数値目標を定め、その情報を公開すること、を求めていましたが、２０２２年4月から対象企業を、常時雇用する労働者数が１０１人以上の企業に拡大されることになりました。

行動計画では、自社の採用した労働者に占める女性労働者の割合、管理職に占める女性労働者の割合などを確認し、数値目標を策定する必要があります。これらの数値目標を策定し、公表することに意味はあると思います。しかし、単に女性の採用比率や管理職比率を上げることが、はたして女性活躍推進法の本質なのでしょうか。

女性活躍推進法では、次の3つの考え方を基本原則として挙げています。

（1）女性に対する採用、昇進などの機会を積極的に提供し、女性を活用すること。また、性別による固定的な役割分担を反映するような職場慣行がないよう配慮すること。

（2）仕事と家庭生活の両立が継続的に可能となる職場環境を整えること。

（3）女性の仕事と家庭生活の両立について、本人の意志が尊重されること。

この基本原則から読み取れる女性活躍推進法の本質や、これから会社に求められることは、次のとおりではないでしょうか。

（1）については、例えばお茶出しは女性がやるという慣行はなくしましょうであったり、育児休業を取得したことにより、恣意的に昇進スピードを遅くするといったことがないようにすることとです。なお、男性社員は育休が取りにくいという慣行も「育児は女性がやるもの」という固定観念の1つであると思います。

政府は、今後育児介護休業法を改正し、男性が育休を取りやすい環境を整備する予定ですし、最近は育児に積極的に参加したいと思う男性も増えています。法律では、男性であっても育休を取得することは可能です。つまり、会社で男性が育休を取りにくい雰囲気が原因で、ギリギリで申し出をされたとしても、会社は育休を与える義務があるということです。このようなことがないよう、きちんと準備をしなさいということが、会社として求められていることだと思います。

（2）については、育児介護休業法などで規定されている時短勤務などのルール以外に、育児中は時差出勤を認めたり、在宅勤務やフレックスタイム制を採用して、育児というライフステージに合わせた勤務形態を認めることを、会社として求められていることだと思います。

（3）については、優秀な女性であっても、管理職になりたいと思う人と、そうでない人がいます。一方で、優秀な女性にはそれに見合った処遇を与えたいものです。もし、自社の人事制度で「管理職＝部下を持つ」ことでしたら、部下を持たない専門部長や専門課長といった役職を設けてはいかがでしょうか。このような対応をすることで、優秀な女性のモチベーションを維持することができると考えますし、画一的ではない様々なキャリアパスを用意することが、会社として求められていることだと思います。

アメリカの非営利シンクタンクであるセンター・フォー・ワーク・ライフ・ポリシーが行った日本人女性とアメリカ人女性を対象とした調査によると、仕事を辞めたアメリカ人女性の74％が育児を理由に挙げていたのに対し、日本人女性の場合は育児を理由に挙げたのは32%と半分以下。一方で、仕事に不満を感じて退職したアメリカ人女性は26%なのに対し、日本人女性は63%という結果もあります。

男女に限らず、ライフステージに合わせた働き方を提供すること。つまり、男女をフェアに扱うことが、女性だけでなく会社全体の満足度を上げることに繋がるものと考えます。

高年齢者を戦力化できる企業を目指そう

さて、労働者の有効活用を考えるうえで、高齢者をいかに戦力化するかも大きなテーマです。若年労働者がどんどん減少していく中で、高齢化していく労働者を次の時代にも活躍してもらえるように育て、活用していくにはどうすればいいかということです。今は、「定年になったらさようなら」という会社と、高齢者をいかに活用するかを真剣に考えている会社に分かれ、二極化している印象がありますが、将来的なことを考えると、やはり高齢者を活用する道を模索すべきだと思います。

ある運送会社では、60歳で定年になったドライバーを積極的に雇用しています。60歳になったからと言って、いきなりドライバーとして働けなくなるわけではありません。人にもよるでしょうが、ベテランのノウハウで若手以上に力を発揮する人もいます。そういう人材を集めて戦力にしようと考えているわけです。そのような会社と、高齢者をお荷物扱いする会社とでは、将来的に大きな差が出ることになるでしょう。

ところで、高齢者の雇用を考えるとき、多くの人が誤解しているのが、「定年」と「再雇用」の違いです。「65歳定年」と「60歳定年で65歳まで再雇用」は、両方とも65歳まで働けるという点では同じですが、実は給料の扱いなどが大きく違ってきます。

65歳定年制をとっている場合、65歳を迎えるまで労働者の身分は基本的に変えられません。役職定年などの制度を設けていなければ、よほどのヘマをしない限り、例えば部長だった人の身分は定年を迎えるまでそのままですし、当然のことながら給料も変えたらおかしいことになります。

一方、60歳定年65歳再雇用の場合は、定年の時点で身分がいったんリセットされます。そこで改めて雇用契約を結ぶので、部長職に就いていた人が60歳で定年を迎えたとき、会社は、その人をそのまま部長職に就けるのか否かの選択権を有することになります。

現実的には、多くの会社が60歳定年65歳再雇用を導入し、60歳時の給料をベースとして、例えば7掛けでとか6掛けで新しい給料額を決めているケースがほとんどです。残念なことに給料額を下げて提示することはあっても、上げて提示することは皆無と言っていいほどで、60歳時の年収が500万円だったとしたら、「350万円でどうですか」「400万円でどうですか」というのが当たり前になっています。そしてまた、交渉の場で「実績が上がったら翌年は給料をアップしますよ」といった、インセンティブを提供することもありません。

しかし、それはなんとももったいない話です。実際、高齢者でも優秀な人は、他の会社から声がかかり、いい条件で雇用されるようになりつつあるのが現状です。

例えば、60歳定年65歳再雇用の会社の営業部長が定年の60歳になり、若い人に代わったからといって業績がぐんぐん伸びるわけではありません。むしろ、業績が落ちることもあり得ます。いわゆるいぶし銀というべきものであり、その人が部長でなくなったら離れてしまう顧客も少なくないからです。あるいは、その人が他の企業に転職し、顧客を持っていってしまうかもしれません。仮にそうなった場合も裁判で勝てるとは限りません。「お客様が自分の意志で選んだ」と言われれば終わってしまいます。

そういう副次的なことを考えても、給料を下げることが可能だからと、安易に60歳定年65歳再雇用を導入すべきではありません。再雇用するにしても働く人たちのモチベーションを上げる制度を導入していくべきだと思います。

もちろん「60歳になったらのんびりしたい」とか、「もう仕事は辞めたい」という人もいるでしょう。あるいは「週5日は働きたくない。週3日ぐらいだったらがんばります」という人もいると思いますが、いずれにしても、フレキシブルに対応できる雇用システムを目指すべきだと思います。

「高齢者といって侮るなかれ！」です。その中には、大事な戦力となる人が少なからず存在しているからです。

そうした人材をフルに活用するには、例えば能力があり、まだまだ働きたいという人を集めた別組織を立ち上げ、「切磋琢磨して業績が上げれば今より給料が上がりますよ」などといったインセンティブをつけた新しい給与体系を組めばいいのです。

その際、「業績を上げられなければ翌年の給料は下がりますよ」という条件をつけておいてもいいでしょう。それでも、「無条件で給料が下がる再雇用よりは、頑張れば給料が上がるという新会社に転籍したい」という人が多いと思います。

今後、高齢者雇用の定年を引き上げていかなければならないのは必至です。その中で、定年年齢の引き上げや再雇用制度の導入を検討している会社も多いと思いますが、いずれにしても、「それぞれの能力を適正に評価していきますよ」という姿勢を示し、お互いに納得して働けるようにしていくべきです。

そうして高齢者を戦力化していったほうが、会社としてもリスクは少ないし、労働者の満足も得られるはずです。繰り返しますが、単に人が足りないから言って中途半端な制度を導入すると不平不満が残って、働いてもらってもパフォーマンスを十分に発揮してもらえません。それどころか、丁寧に対応していかないとトラブルの原因にもなってしまいます。高齢者の雇用についても「フェア」が重要なキーワードなのです。

あるべき労働時間管理とは？　労働時間管理は労務管理の1丁目1番地

本章でご説明した、労働者目線の勤務形態を提示することは、会社として多様性を受け入れることと同義になります。一方で、多様な勤務形態を導入しても、法律どおりの労働時間管理ができなければ意味がありません。労働時間の集計が誤っていれば、労働者は安心して働けるわけがなく、本末転倒になってしまいます。

労働時間管理を行う目的は、大きく2つあります。1つは、働き方改革関連法の時間外上限規制を守るためといったコンプライアンスのため、もう1つは、毎月の給与計算を行うためです。

コンプライアンスの観点では、クラウド勤怠管理システムを活用すれば、法律に沿った労働時間管理が可能です。では、給与計算の観点ではどうでしょうか？

ひと言で給与計算と言っても、社員の出勤退勤の時刻を管理し、残業代を算出し、給与額に合わせて社会保険や税金なども算出して処理しなければなりませんから、その作業量は膨大なものとなります。そのため、労務管理部門の仕事が給与計算で手いっぱいになり、生産的な仕事ができなくなっているケースが多いのではないでしょうか。

そもそも経理や人事などの労務管理部門については、労働者の給与計算が本来の仕事ではないはずです。本来、その会社にとって必要な人材はどういう人材なのかを的確に把握し、それぞれの労働者にどんな能力があるか、あるいはどんなパフォーマンスを上げることが可能かを見極めることで、どこに誰を配置すれば会社の作業効率を最大限に高め、生産性を上げられるのかを考える戦略的な役割を担っているはずです。しかし、残念ながら本来の役割が果たせずにいる会社が多い印象を受けます。

多くの企業、特に中小企業では非生産的な業務に労働力を当てる余力はなくなってきており、もう「そのうちなんとかしなくては」などと悠長に構えている余裕がなくなってきました。そして、そのことに気づいた会社が、生き残りをかけて、いち早く自社の機構改革に取り組み始めているのです。

もちろん、労働者の給与計算という仕事の価値が低いとは言いませんし、そこで働く人の存在を否定するつもりはありません。労働者の大切な給与を正確に計算し、きちんと労働者の手に渡るように処理する仕事はなくてはならないものです。中には「私は給与計算が大好きだ。生きがいを感じている」という労働者もいるでしょう。しかし、そのために多くの人材を抱えていては、これからの経営は成り立っていきません。コアになる人材を残して、より生産的業務に配置していくかどうかで、会社の成長力に大きな差が出てくることになります。そういう意味では、非生産的業務をいかに効率化して人的生産性の高い業務にシフトさせるかということが、会社の存亡をかけた課題になっていると言っても言い過ぎではないのです。つまり、これから大きく成長しようとしている企業に求められるのは、非生産的業務をいかに効率化して、より生産性の高い業務に人材を集中させていくかということです。

そこでも注目されているのが、クラウド勤怠管理システムです。現在、様々な会社が勤怠管理システムを開発し、提供するようになっています。それを活用するべきでしょう。例えば多くの会社は、今でもタイムカードを労務管理の中心に置いています。確かにタイムカードはすばらしい機械です。しかし、もう時代遅れのものとなりつつあります。労働者全員がきちんと出退勤時に打刻してくれれば、その月に何時間働いたかをきちんと集計してくれます。

しかし誰かが1回でも打刻洩れをすると、その人の労働時間は手作業で集計しなければならなくなります。また、例えば労働者が有給休暇をとった場合、社員が提出した有給休暇届け出の用紙を確認して、これまた手作業で処理しなければならなくなります。中には、書類提出を面倒くさがったり、つい忘れたりする人もいますが、そんなときには、いちいち「提出していませんよ。提出してください」と指示しなければなりません。

あるいは、営業部門の労働者に、販売額に応じて手当を支給しているような会社の場合、その額は毎月変動します。それもいちいちチェックして計算し、入れた数字が正しいかどうかも検証して給与額に反映させていかなければなりません。

繰り返しですが、労働時間や給与の計算には膨大な労力がかかります。だいたい100人規模の会社なら、2人ほどの労働者が1週間から10日かけてやるのが普通になっています。ざっと計算すると、会社の全労働力の1～2％を非生産的な業務に貴重な労働力を割いているのです。

これをより効率的に行うには、まずはクラウドでシームレスに可視化することです。すべての情報をクラウド化すればパソコン上で見られます。クラウド勤怠管理システムを利用すれば、それが可能です。

ここに注目！　クラウド勤怠管理システム比較検討時の確認ポイント

現在、様々な会社からクラウド勤怠管理システムが提供されています。勤怠管理システムの導入時に比較検討する際、どのような点を確認すればよいか迷われた会社も多いのではないでしょうか。そこで、社会保険労務士目線でのクラウド勤怠管理システムを比較検討する際に確認すべきポイントをお教えします。

【コンプライアンス視点の確認ポイント】

①労働行政の要請に応じた勤怠管理を行えるか？

「労働時間の適正な把握のために使用者が講ずべき措置に関するガイドライン」では、労働時間と在社時間に乖離がある場合、実態調査を実施し、必要があれば補正を行うことを求めています。よって「在社時間」と「労働時間」の2つの時間概念で勤怠管理を行うことができる機能があるかという点を確認すべきです。

②1カ月単位の変形労働時間制の正しい残業集計を行えるか？

本書でこれまで説明してきたとおり、就業規則などの形式を整えても、運用が伴っていなければ意味がありません。1カ月変形制度を採用している会社では、「日」「週」「月」の3つの単位で正しく残業集計を行う機能があるかという点を確認すべきです。なお、「月」の集計でしか残業時間を把握できないシステムは避けるべきです。

③1年単位の変形労働時間制の正しい勤怠管理を行えるか？

1カ月変形制度と比べ、1年変形制度の勤怠管理はとても複雑です。1年変形制度を採用している会社では、「日」「週」「年」の3つの単位で正しく残業集計を行う機能は必要不可欠です（弊社の調査では、この部分に対応しているシステムはごく僅かでした）。加えて、特定期間の登録ができるかという点や、1日10時間以内、週52時間以内、連続労働6日以内（特定期間は12日以内）などの法律上のルールが守れているかをチェックしてくれる機能があるかという点を確認すべきです。

④様々な休暇管理を行えるか？

年次有給休暇5日取得義務の管理はもちろんのこと、様々な年次有給休暇の付与方法に対応した機能があるか。例えば、初回付与日は入社半年後、2回目以降は毎年4月1日に付与するパターンや、入社時や入社3カ月後に付与するパターンなど、労働者に有利な内容で付与するパターンに対応しているか。また、会社独自の特別休暇を管理する機能があるかという点を確認すべきです。

【給与計算業務の効率化視点の確認ポイント】

①勤怠締めを行う際にスムーズに給与計算へ繋げることができるか？

せっかく勤怠管理システムを導入しても、労働者がきちんと出退勤打刻を行わなければ意味がありません。スムーズに給与計算へ繋げるためにも、打刻漏れなどのエラーがあった場合に、その労働者に対して自動的に打刻漏れがあったことを何度も伝え（リマインダー等）、勤怠締めを行う際にエラーがまったくない状態にすることができる機能があるかという点を確認すべきです。

②勤怠データを出力する際にスピーディに対応できるか？

最近のクラウド勤怠管理システムでは、集計した労働時間データを給与計算システムにＡＰＩやＣＳＶで連携する機能が開発されています。各社の勤怠管理システムは、世の中にあるすべての給与計算システムとＡＰＩ連携されている訳ではないので、ＣＳＶファイルを出力する際に要する時間も重要なポイントです。自社の全労働者数の労働時間データを、どれくらいの速さで一括してファイル出力することができるかという点を確認すべきです。

【システム利用時の契約内容確認のポイント】

①利用料金は打刻人数ベースで課金されているか？

初期導入費用が掛からないことがクラウド型の特徴ですが、ランニングコストについても確認すべきです。最近は、その月の打刻人数に応じて課金するタイプと、登録している労働者数に応じて課金するタイプ（登録していれば、打刻していなくても課金対象）の２種類がありますが、前者のタイプを選択すべきでしょう。

②契約期間の途中で解約した場合に違約金が発生しないか？

きちんと検討して導入したものの、実際に使ってみたら自社に合っていなかったということも、可能性としてゼロではありません。契約期間に条件が付されていないかという点を確認すべきです。

クラウド勤怠管理システムを比較検討する際には、以上のポイントを中心に確認しましょう。社会保険労務士法人ヒューマンリソースマネージメントが前述した確認ポイントをもとに徹底比較した結果、株式会社ヒューマンテクノロジーズ社が提供するクラウド勤怠管理システム・キングオブタイム（以下、「クラウド勤怠キングオブタイム」）の利用をオススメします。

クラウド勤怠キングオブタイムで、社会保険労務士法人ヒューマンリソースマネージメントとして注目した機能を簡単に紹介したいと思います。

【クラウド勤怠キングオブタイムの活用でここまでできる！】

①リアルタイムでの労働時間管理

残業管理は働き方改革の最重要課題だが、労働者が自分の残業時間をリアルタイムで把握できることはもちろん、本社や各職場の責任者も一括してリアルタイムで把握することが可能。

②在社時間の労働時間の二軸での時間管理に対応

毎月の勤怠締めを行う際に、労務管理部門の担当者が確認できることはもちろんのこと、労働者自身も今月の在社時間と労働時間を確認できる機能があり、労働行政の要請に応じた勤怠管理を行うことが可能。

③様々な就業ルールに対応

原則の労働時間ルール（1日8時間・週40時間）はもちろんのこと、1カ月単位の変形労働時間制や1年単位の変形労働時間制、フレックスタイム制など、企業や部署ごとに異なる様々な就業ルールについて、法律に則った時間集計が可能。特にルールが複雑な1年変形については気づかないところで違法なシフトを組んでしまうことも多く、そのようなシフトを登録したときにアラートを通知してくれる機能もある。さらには、在宅勤務をはじめとしたテレワークや、時差出勤など、多様化していく働き方にも対応している。

④会社と労働者に気づかせるアラート機能

例えば月の残業時間が30時間を超えた場合など基準時間を設定することで、設定時間を超えた場合に自動でアラート通知が可能。また、画面上に色を付けて表示することも可能で、長時間残業を行っている労働者を可視化することが可能。

⑤**スムーズに給与計算へ繋げる**

出勤打刻の漏れがあるなど、出退勤がペアで揃っていない場合、その労働者に勤怠が修正されるまで繰り返しアラートを通知。打刻エラーがない状態で勤怠を締め時間集計することで、スムーズな給与計算が可能に。

⑥**各社給与ソフトと連携**

主要な給与ソフトとＡＰＩ連携、もしくはＣＳＶファイル連携が可能で、給与計算の作業工程を短縮できる。ＣＳＶファイルのデータ出力時間も、他社と比較し早い（１００人のデータ出力時間：キングオブタイム２秒、Ａ社20秒、Ｂ社３分）。

⑦**充実した休暇管理機能**

年次有給休暇などの休暇の自動付与について、様々なパターンに対応。また、休暇取得状況の管理が簡素化できる他、独自の休暇を設定したり、休暇の有効期限にメールで通知して休暇取得を促すことができる。年次有給休暇の管理簿も自動的に作成される。

⑧**様々な管理者権限の設定**

部署や拠点、雇用区分（正社員、アルバイト等）ごとに管理権限を割り当てることができ、自社の承認権限フローに合わせた設定が可能。また、それぞれの管理者の操作ログは全権管理者アカウントで確認することができる。

⑨申請承認手続きの簡素化

打刻時間の修正や、残業、休暇、スケジュール等の申請をパソコンやスマートフォンから簡単に行うことができると共に、打刻忘れや遅刻の申請などの申請承認も一元管理で楽に処理できる。

⑩毎月の打刻人数ベースで課金

月額料金は、その月に出退勤打刻があった人数をベースに課金されるので合理的。また、契約期間に条件などはないので、導入してみたものの、自社に合わなかったという事態になったとしても、違約金などは発生しないので手軽に試してみることができる。

さらに、株式会社富士キメラ総研が行った調査「ソフトウェアビジネス新市場2020年版」によると、クラウド勤怠キングオブタイムは勤怠管理ソフトマーケットで導入実績No.1という点も、安心して利用できるポイントでしょう。

こうしたサービスを利用することで、労務管理に割く人材を最小化し、より生産的な業務で活躍してもらうことができるのです。また、メリットがあるのは会社だけではありません。労働者にとっても、出退社時の手間や各種申請の手続きが簡素化されるなど大きなメリットがあります。

問題社員対応の切り口からの労働時間管理法

これまで、労働者の満足度を上げる観点や、会社のコンプライアンス（法令順守）の観点でお話ししてきました。一方で、「会社としてコンプライアンスを意識することは重要だけれども、すべての労働者が誠実とは限らない。労働者が不正に労働時間を打刻していたら、元も子もないのでは？」といった疑問を抱く人もいるでしょう。このように、問題社員対応の切り口から、クラウド勤怠キングオブタイムはどのように活用することができるでしょうか。

例えば、直行直帰が多い営業系の会社での勤怠管理は簡単なことではありません。「何時に客先に行っていました」と言いながら、実際には行っていない労働者は、残念ながらどんな会社にも少なからずいるものですが、そうした問題社員を放置していると、会社のルールを捻じ曲げ、勝手に自己解釈する労働者が増え、会社全体のモラルが低下していきます。正直者が馬鹿を見る労働時間管理ではダメなのです。それを防ぐには、経営者が高

図①

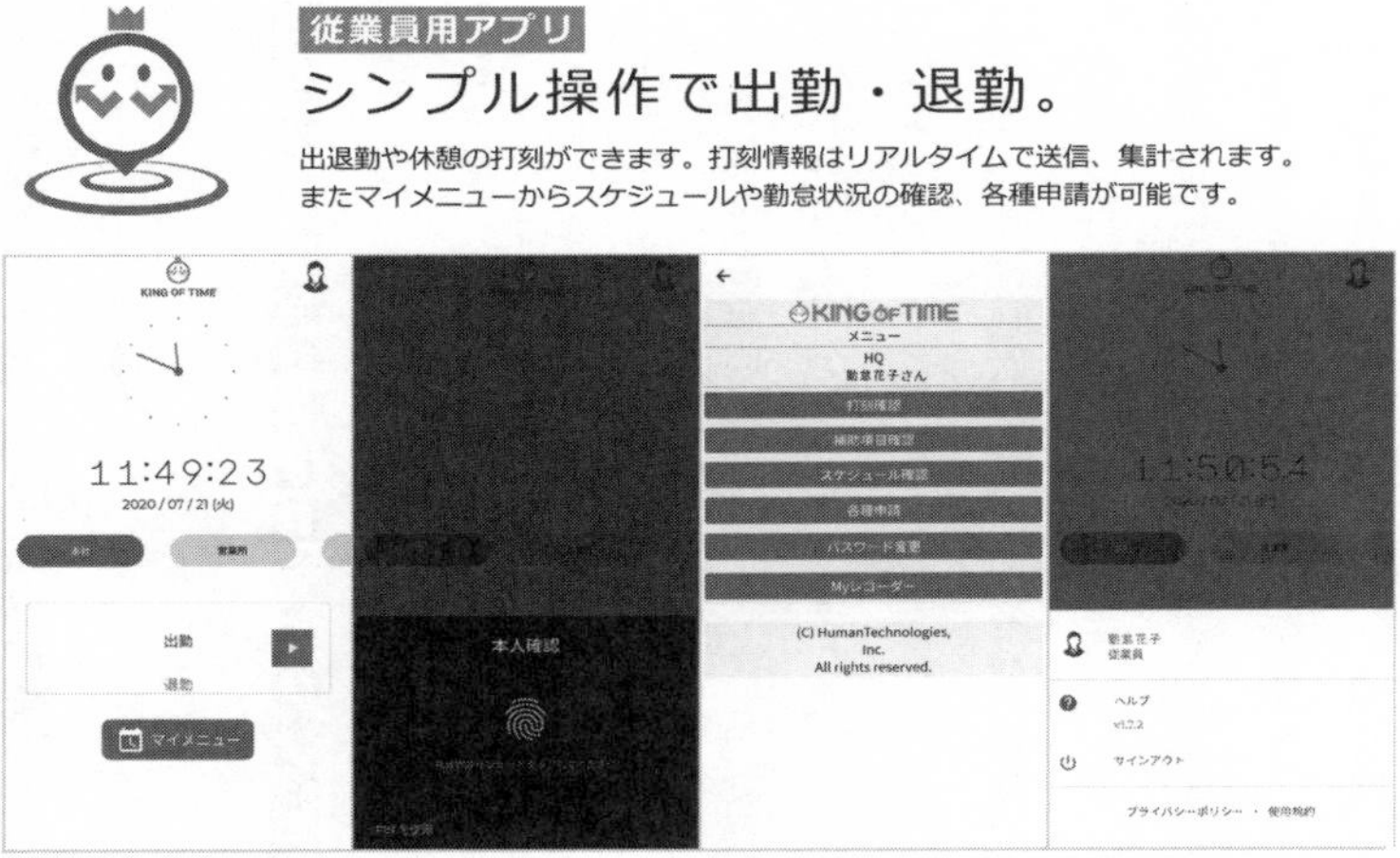

いコンプライアンスの意識を持つことは当然ですが、不正をなくすための体制をいかに整えていくか、ということが重要です。

そのような不正打刻を防止するために、クラウド勤怠キングオブタイムには、スマートフォンのGPS機能を活用した打刻システムがあります。この機能を利用することで、出退勤時刻の記録を残すだけでなく、出退勤打刻を行った位置情報も記録することができるので、本当は自宅に居たにもかかわらず、営業先で打刻したと嘘をつくような不正打刻を防止することができます。営業社員の直行直帰もしっかり管理でき、無駄な行動も減ることで時間効率も大幅に向上するのです。

図①は、労働者が実際に操作するスマー

図②

管理者用アプリ
KING OF TIME
「打刻可能範囲」を設定。
管理者用アプリでは主に、打刻場所の設定、ジオフェンシング半径の設定等を行います。
テレワーク導入が進む中、あいまいになりがちな時間管理の課題解決に最適です。
サインイン
ヘルプ
本社
営業所
関西支店
名古屋支店
CH office
GH office
打刻場所の追加
設定

トフォンの打刻時の画面です。管理者は出退勤打刻をしたデータを図②のような管理画面で確認することで、時間と場所をしっかりと管理することが可能です。

中には「ここまでして、労働者を監視するようなことはしたくない」という経営者もいますが、残念ながらそれだけで問題社員をゼロにすることはできません。真面目に働いている多くの労働者を守るためにも、不正が起きないように備えるのが経営者の責務であり、労働者に対して公平性を担保する労働時間管理をするべきなのです。

また、こうしたクラウド勤怠管理システムの導入は、在宅勤務が当たり前のものとして定着していく、これからの時代には不可欠なものでしょう。

なにしろ、在宅ワークの場合は、いつ仕事を始めて、いつ仕事を終えたかを管理するのが困難です。しかし、クラウド勤怠キングオブタイムを導入すれば、それも正確に把握することができます。セキュアログインという機能ですが、パソコンを立ち上げ、ログインした段階で出勤開始とし、その日、最終的にログオフした時間を終業時間として記録します。

また、パソコンの稼働状況も記録し、例えば異常に長いスリープ状態（スタンバイ状態）が続けば、この時間帯は仕事をしていないということも把握することもできます。

こうした機能は、ことさら社員を監視するためだけのものではありません。繰り返しますが、社員を監視するためではなく、労働時間をしっかり把握して、きちんと給料を払うのが会社の責務です。そのためにも、正確に勤怠管理をすることが必要です。それを最小限度のコストで抑えつつ実現するための機能なのです。

さらに、セキュアログインは労働者の健康管理の一助にもなります。在宅勤務で気をつけなければならないのが、長時間1人きりでパソコンに向かっているうちにメンタル面で不安定になるケースです。一般的にメンタル面で不安定になった場合、遅刻や早退、欠勤などの勤怠の乱れとして現れます。しかし、在宅勤務の場合は通勤時間もないことから、遅刻や早退として表に出ることはほとんどありません。加えて在宅勤務では、オフィスに出社したときと同じように常に様子を伺える訳ではないので「なんだか、今朝の様子はいつもと違うな。元気がないな」などと気づくことが難しい。結果、初期段階で労働者の不調に会社が気づくことができず、本人から申し出があったときには、既に重症化してすぐに休職させなくてはいけない状態になっているというケースが多いのです。

在宅勤務時のメンタル不全の特徴として、ボーッとしてしまい、そもそも手が動かずパソコンの操作ができないなどの症状が現れます。クラウド勤怠キングオブタイムのセキュアログインを活用し労働者の労働時間を管理することで、そうした兆候をいち早くキャッチすることができ、労働者の健康を見守ることが可能です。

おわりに

「会社が働き方改革に取り組む目的とは何でしょうか？」

人事労務関連の法律は毎年のように改正があり、中には罰則付きの法律もあります。企業名公表や刑事罰を受けたくないから、労働基準監督署に指摘されたくないから、ブラック企業と言われたくないから、などといったネガティブことを目的として、取り組むべきものでしょうか？

確かに、それらは働き方改革に取り組むための目的の1つであると思います。しかし、それだけを目的としていては、会社が持続的に発展することが難しい時代になったと強く感じています。

私どもは、働き方改革は通過点であり、経営者や人事労務担当者は、それ以上の視点を持つことが重要であると考えます。それは、「労働者が安心して働け、労働者の満足度や定着率を向上させるために取り組む」という視点です。つまり、働き手の意識が大きく変化する中で、会社として労働者目線の多様な働き方をいかに認めていくかということを、今後ますます検討していく必要があるということです。

しかし、このような多様な働き方を認めることで、労務管理が複雑となる可能性があります。複雑となった結果、正しい時間管理ができず、コンプライアンスが守れなくては意味がありません。

そのようなことを発生させないためにも、本書でご紹介した「クラウド勤怠キングオブタイム」のようなクラウド型勤怠管理システムを活用し、かつ自社の最新の就業ルールを反映させた就業規則などの社内規程を整備することが絶対条件になります。

つまり、これからの労務管理は「労働時間管理」と「就業ルールの整備」がキーワードということなのです。

本書を通じて、多くの企業経営者や人事労務担当者の皆様が、自社の労働者の満足度や定着率を向上する取組みを検討・実行し、会社が発展することを心から願っております。

原 労務安全衛生管理コンサルタント事務所
代表　社会保険労務士　原 諭（はら・さとし）
労働基準監督官として19年間、首都圏の労働基準監督署や労働局に勤務した。監督官時代は、賃金不払いや労災事故、労災かくしなどについて多数送検を行う。現在は社会保険労務士が行う手続き業務などは行わず、参謀役となる企業顧問として、労務管理や安全衛生管理のアドバイスを行うとともに、各種研修・セミナー講師を多数行っている。

社会保険労務士法人ヒューマンリソースマネージメント
代表社員　特定社会保険労務士　馬場 栄（ばば・さかえ）
「これからの新しい働き方をデザインし、労使共に発展できる労務管理の提案」をモットーとする社会保険労務士法人の代表社員。現在まで、3500社を超える中小企業の就業規則改定や作成の相談を携わり、残業代問題をはじめとした企業の労務トラブルを解消。さらには社員定着率を上げる施策実行のアドバイスを行ってきた。全国各地から講演依頼も多く、約5000名の経営者、人事担当者へのセミナーを実施した。

社長《しゃちょう》、その労務管理《ろうむかんり》はダメです

2021年4月9日　初版発行

著　者　原 労務安全衛生管理コンサルタント事務所
社会保険労務士法人ヒューマンリソースマネージメント

発行者　鈴木　隆一

発行所　ワック株式会社
東京都千代田区五番町4-5　五番町コスモビル　〒102-0076
電話　03-5226-7622
http://web-wac.co.jp/

印刷製本　大日本印刷株式会社

ISBN978-4-89831-995-6